Inhaltsverzeichnis

W0333882

Inhaltsverzeichnis

Maike Grunefeld
Silke Schmolke

Individuelles Lernen mit System

Ein praxiserprobtes Jahreskonzept für alle Grundschulklassen

Verlag an der Ruhr

Impressum

Titel
Individuelles Lernen mit System
Ein praxiserprobtes Jahreskonzept für alle Grundschulklassen

Autorinnen
Maike Grunefeld, Silke Schmolke

Titelbildmotiv
Ruthild Seeliger

Fotos
Ruthild Seeliger, Axel Mertens

Illustrationen
Michael Schulz u.a.

Film/Kamera/Schnitt
Axel Mertens

Ton
Ruthild Seeliger

DVD-Authoring
Andreas Kannengießer

Verlag an der Ruhr
Mülheim an der Ruhr
www.verlagruhr.de

Geeignet für die Klassen 1–4

Unser Beitrag zum Umweltschutz
Wir sind seit 2008 ein ÖKOPROFIT®-Betrieb und setzen uns damit aktiv für den Umweltschutz ein.
Das ÖKOPROFIT®-Projekt unterstützt Betriebe dabei, die Umwelt durch nachhaltiges Wirtschaften zu entlasten.
Unsere Produkte sind grundsätzlich auf chlorfrei gebleichtes und nach Umweltschutzstandards zertifiziertes Papier gedruckt.

ISBN 978-3-8346-0765-2

Printed in Germany

Filme und Materialien auf der DVD

Filme

1. Freiarbeit

- die Klasse bei der Freiarbeit
- Arbeit mit Lerntagebuch und Materialien
- Lehrer als Lernbegleiter
- Ausnutzung des Raumes
- ergänzende Angebote und Experimente
- Unterstützung durch Eltern
- Vorstellungsrunde am Ende der Arbeit

2. Reflexionsmöglichkeiten

- Arbeit mit Reflexionsstreifen
- Reflexion anhand der Lerntagebücher und Arbeitspläne
- Was ist „gute Hilfe"?

3. Praktische Arbeit

- Anpassung des Teilarbeitsplans an individuelle Bedürfnisse
- Arbeit der Kinder mit Lerntagebuch und Arbeitsplan
- Helfersystem
- gemeinsame Erarbeitung neuer Materialien
- eigene Forscherthemen der Kinder
- Expertenvortrag

4. Schülerinterviews

5. Elterninterviews

6. Lehrerinterviews

Materialien

Textdateien liegen jeweils als Word-2003- und PDF-Datei vor.

Bitte beachten Sie:
Bei den auf der DVD vorhandenen **Word-Dokumenten** handelt es sich um bearbeitbare Vorlagen in der Version Word 2003. Aufgrund unterschiedlicher Programmversionen und -einstellungen kann es möglicherweise zu vereinzelten Verschiebungen innerhalb der Dokumente kommen. Für derartige eventuelle Probleme können Verlag und Autorinnen nicht haftbar gemacht werden. Sollten Verschiebungen auftreten, können Sie sie selbst bearbeiten. Auf der DVD finden Sie zusätzlich eine nicht veränderbare **PDF-Version** der Datei, die Sie sich ggf. ausdrucken können.

Die Bearbeitung der Word-Vorlagen und die Verwendung der Bilddaten ist nur für den Gebrauch in der eigenen Schule zulässig (siehe Impressum).

Bilder (JPEG)

Hier finden Sie Grafiken für die einzelnen Fächer und Lernbereiche sowie für die Leistungseinschätzung bei Rückmeldebogen

- Computer
- Daumen_1
- Daumen_2
- Daumen_3
- Daumen_4
- Daumen_5
- Heft
- Lesen_Buch
- Mathe_Hunderterrahmen
- Mathe_Zwanzigerfeld
- Paket_ganz-leicht
- Paket_leicht
- Paket_mittel
- Paket_schwer
- Paket_sehr-schwer
- Professor
- Rechtschreiben_Karteikasten
- Sachunterricht
- Schreiben

Filme und Materialien auf der DVD

Jahresarbeitspläne

- Jahresarbeitsplan_Lernstufe-1
- Jahresarbeitsplan_Lernstufe-2
- Jahresarbeitsplan_Lernstufe-3
- Jahresarbeitsplan_Lernstufe-4

Teilarbeitspläne

- Lernstufe-1
  - 1_Deutsch_TAP-1_gelb
  - 1_Deutsch_TAP-1_orange
  - 1_Deutsch_TAP-3_rot
  - 1_Mathe_TAP-1_gelb
  - 1_Mathe_TAP-2_orange
  - 1_Mathe_TAP-3_rot
  - 1_Mathe_TAP-4_lila
  - 1_Mathe_TAP-5_blau
  - 1_Mathe_TAP-6_gruen

- Lernstufe-2
  - 2_Deutsch_TAP-1_gelb
  - 2_Deutsch_TAP-1_orange
  - 2_Deutsch_TAP-3_rot
  - 2_Mathe_TAP-1_gelb
  - 2_Mathe_TAP-2_orange
  - 2_Mathe_TAP-3_rot
  - 2_Mathe_TAP-4_lila
  - 2_Mathe_TAP-5_blau
  - 2_Mathe_TAP-6_gruen

- Lernstufe-3
  - 3_Deutsch_TAP-1_gelb
  - 3_Deutsch_TAP-1_orange
  - 3_Deutsch_TAP-3_rot
  - 3_Mathe_TAP-1_gelb
  - 3_Mathe_TAP-2_orange
  - 3_Mathe_TAP-3_rot
  - 3 Mathe TAP-4 lila
  - 3_Mathe_TAP-5_blau

- Lernstufe-4
  - 4_Deutsch_TAP-1_gelb
  - 4_Deutsch_TAP-1_orange
  - 4_Deutsch_TAP-3_rot
  - 4_Mathe_TAP-1_gelb
  - 4_Mathe_TAP-2_orange
  - 4_Mathe_TAP-3_rot
  - 4_Mathe_TAP-4_lila
  - 4_Mathe_TAP-5_blau

Vorlagen

- Symbole zum Bekleben der Regale
  - Lesen_Lernstufe_1-4
  - Mathematik_Lernstufe_1
  - Mathematik_Lernstufe_2-4
  - Sachunterricht_Lernstufe_1-4
  - Schreiben_Lernstufe_1-4
- Beobachtungskriterien_fuer_Hospitationen
- Dialogblatt_A4
- Dialogblatt_A5
- Reflexionsstreifen
- Rueckmeldung_Arbeitsverhalten
- Rueckmeldung_Vortrag_SU_Lernstufe_3-4

Individualisiert arbeiten und Leistung entwickeln

Kennen Sie das auch? **Große Klassen**, Kinder mit weit **auseinanderklaffenden Lernvoraussetzungen**, die unterschiedlich schnell arbeiten und lernen? Haben Sie auch das Gefühl, nicht all Ihren Schülern[1] gerecht werden zu können?
Gleichzeitig nehmen die **Forderungen nach individueller Förderung** zu. Die Kinder sollen von ihrem individuellen Wissensstand aus gefördert werden. Gerade auch der auf uns zukommende **inklusive Unterricht** wird diesen Forderungen nochmals Nachdruck verleihen. Ein Unterricht für alle wird kaum mehr einem Kind gerecht.
Ausgehend von diesen Erfahrungen, machten wir uns auf den Weg, unseren **Unterricht zu individualisieren**. Nicht der zu vermittelnde Unterrichtsstoff sollte im Mittelpunkt unserer Bemühungen stehen, sondern jedes einzelne Kind und damit die Überlegung, was es benötigt, um erfolgreich lernen zu können.

Ein alltagstaugliches Konzept

Uns war wichtig, ein **Konzept** zu entwickeln, **das Lernen mit individueller Schwerpunktsetzung zulässt** und das die unterschiedlichen Lerntempi und Wissensstände der Kinder berücksichtigt.

Gleichzeitig sollte es dem Lehrer aber auch Kontrollmöglichkeiten bieten, sodass gewährleistet ist, dass der Lernstand eines Kindes dem Lehrer immer präsent ist.
Die **Überprüfbarkeit der Kompetenzen** war uns ein wichtiges Anliegen.

Individualisierung von Anfang an kann gelingen!

Auch das gemeinsame Nachdenken mit den Kindern über Lernfortschritte, Arbeitshaltung und den weiteren Lernweg fanden wir wichtig, um die **Eigenverantwortlichkeit** der Schüler für ihr Lernen zu stärken. Hierfür müssen die Lernziele für alle Beteiligten, also Schüler, Eltern und Lehrer, schon zu Beginn eines Schuljahres transparent sein. Und schließlich sollte der **Arbeitsaufwand** für jeden Lehrer **leistbar** sein.

Dabei herausgekommen ist ein **alltagstaugliches Lernkonzept für alle vier Grundschulklassen**, welches den tatsächlichen Lernanforderungen des einzelnen Kindes gerecht wird, aber auch wirkliche Entlastung für die Lehrperson schafft. Dieses Buch ist für Schulen, aber auch für einzelne Kollegen gedacht, die sich ebenfalls auf einen solchen Weg machen wollen.

1 Aus Gründen der besseren Lesbarkeit haben wir in diesem Buch durchgehend die männliche Form verwendet. Natürlich sind damit auch immer Frauen und Mädchen gemeint, also Lehrerinnen, Schülerinnen etc.

Was kann dieses Buch leisten?

Mit **einem klar strukturierten Modellkonzept, vielen Ideen, praktischen Tipps, anleitenden Filmsequenzen und Arbeitsvorlagen** möchten wir Sie auf diesem Weg unterstützen. Exemplarisch am Beispiel der ersten beiden Klassen beschreibt dieses Buch sehr ausführlich die Rahmenbedingungen und Organisationsstrukturen des Konzeptes. Die Weiterentwicklung in den Klassen 3 und 4 wird kürzer dargestellt, da sich keine grundlegenden Änderungen mehr ergeben.
Natürlich arbeiten Sie unter Ihren ganz eigenen Gegebenheiten, mit einer ganz eigenen Zusammensetzung von Kollegen, mit individuellen Rahmenbedingungen. Daher werden Sie unser Konzept nicht eins zu eins übernehmen können. Wir geben Ihnen jedoch so weit wie möglich Tipps und Hinweise mit auf den Weg, wie Sie unsere Ideen **an Ihre individuelle Schulsituation anpassen** können.

Machen Sie sich auf den Weg zu einem offenen und individualisierten Unterricht von Anfang an! Sie werden schnell merken, um wie viel **zufriedener und motivierter** Ihre Schüler arbeiten. Dies wirkt sich auch auf die soziale Atmosphäre in Ihrer Klasse aus. Durch gezielte Arbeitspläne, wie sie unser Konzept vorstellt, wird kein Kind ausgebremst oder überfordert. Dies erspart Ihnen und den Kindern eine Menge Frust.

Gleichzeitig wird auch Ihre Zufriedenheit zunehmen. Entdecken Sie, welches Potenzial an Ideen, Verantwortungsbereitschaft und Eigenmotivation in Ihren Schülern steckt.

Individuelles Lernen bedeutet immer auch Lernen mit- und voneinander.

Kapitel 1

Begründung für dieses Buch

1.1 Wieso, weshalb, warum ist es sinnvoll, den Unterricht zu verändern?

Die Forderung nach einem offenen, vom Kinde ausgehenden Unterricht ist nicht neu. Spätestens seit den 80er-Jahren des letzten Jahrhunderts wurde die **Pädagogik vom Kinde aus** in die Richtlinien der Bundesländer aufgenommen. In den letzten Jahren wurden aber darüber hinaus immer mehr **Anforderungen** an uns als Lehrer gestellt, und gleichzeitig veränderten sich die **Unterrichtsvoraussetzungen** gravierend. Die folgende Grafik soll Ihnen die einzelnen Einflüsse und Vorgaben verdeutlichen und Ihnen einen Eindruck vermitteln, wie vielschichtig die Anforderungen an den heutigen Unterricht sind.

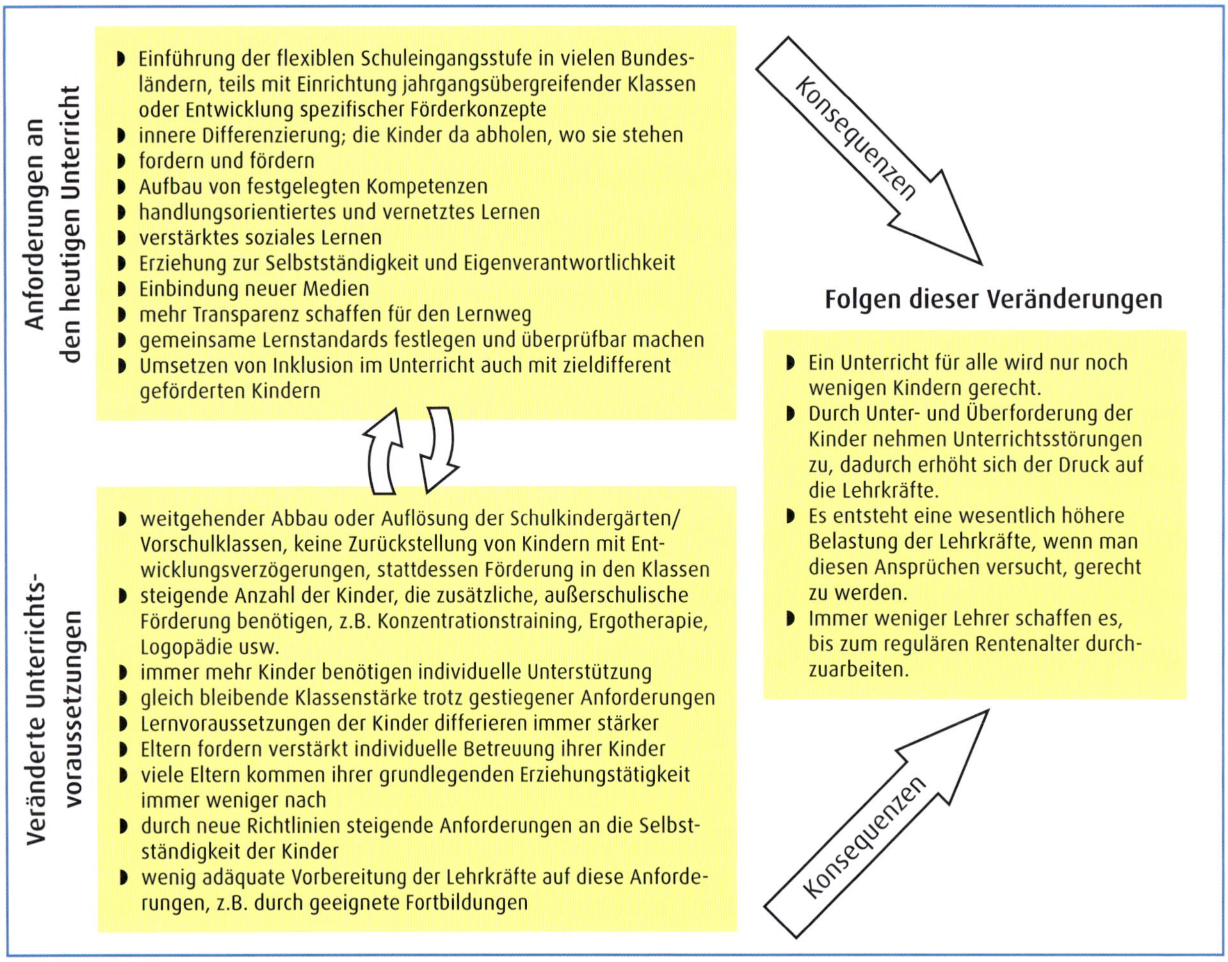

Veränderungen des Unterrichts

Das Zusammenwirken all dieser Faktoren erfordert ein Umdenken in der Gestaltung von Unterricht, wenn dieser für alle Kinder wirksam sein und jedem Kind optimale Entfaltungsmöglichkeiten bieten soll. In diesem Zusammenhang wird viel über die **Individualisierung und Öffnung** von Unterricht diskutiert. Lernangebote sollen an die Fähigkeiten und Interessen eines jeden Kindes angepasst sein und ihm erlauben, in seinem Tempo an individuell bedeutsamen Themen zu arbeiten. Hiermit soll zugleich eine Förderung, aber auch das Fordern eines jeden Kindes gewährleistet werden, das heißt, es kann an seinen individuellen Lernstand anknüpfen und in seinem Lerntempo voranschreiten.
Im Gespräch mit vielen Kollegen spürten wir eine große **Unsicherheit** darüber, wie wir Lehrer diesen Anforderungen noch gerecht werden sollen. Wie könnte ein Unterricht aussehen, der die Umsetzung des Geforderten wirklich zulässt? Was bedeuten Individualisierung und Öffnung von Unterricht konkret, und wie können sie umgesetzt werden, ohne dass der Lehrer den Überblick verliert und der Unterricht ihm zu unruhig und unüberschaubar wird?

1.2 Individualisierung und Öffnung von Unterricht

Bevor wir Ihnen unser Konzept detaillierter vorstellen, möchten wir uns noch kurz mit den zentralen Begriffen des Konzeptes „Individualisierung" und „Öffnung" beschäftigen.
Der Begriff der **Individualisierung** entstammt der Soziologie und taucht dort erstmals mit dem Einsetzen der Industrialisierung auf. Der Prozess der Individualisierung bezeichnet dabei den Übergang des Individuums von der Fremd- zur Selbstbestimmung. Die Abschaffung der Stände, denen man unwiderruflich zugeordnet war, und der fortschreitende Zerfall von Großfamilien führten zu einer zunehmenden Selbstbestimmung des Einzelnen.[2] Damit einhergehend rückte auch die Verantwortung des Individuums für sein Leben immer mehr in den Mittelpunkt. Diesen Übergang von der Fremdbestimmung durch den Lehrer hin zu Selbstverantwortung und Eigentätigkeit möchten wir aufgreifen, um bei den Kindern Lernprozesse anzuregen, die für sie bedeutsam sind und die sie für ihr weiteres Lernen prägen. Angesichts der Heterogenität der Schüler wird Individualisierung auch immer mehr zu einer pädagogischen Notwendigkeit. Denn schließlich kommt jedes Kind mit seinem spezifischen Wissensstand, seinen Neigungen und Fähigkeiten in die Schule. Auf diese Lernvoraussetzungen müssen Lehrer flexibel reagieren können, z.B. indem sie jedem Kind ermöglichen, von seinem individuellen Lernstand auszugehen oder in seinem eigenen Arbeitstempo voranschreiten zu können.

Mit dieser Forderung befinden wir uns schon nahe am Begriff der **Öffnung** von Unterricht. Bei vielen Lehrern existieren recht **unterschiedliche Vorstellungen** davon, was Öffnung bedeutet und wie weitreichend sie ist. So gibt es hier keine einheitliche Definition, auf die wir uns berufen können, sondern unterschiedliche Aspekte. Sie alle haben gemeinsam, dass der Lehrer den Kindern zunehmend mehr Freiraum bei der Auswahl der Arbeitsform, Methoden und Inhalte geben soll und dass das selbsttätige Lernen im Mittelpunkt stehen soll. Diese These bildet sozusagen den kleinsten gemeinsamen Nenner der unterschiedlichen Ansätze. Darüber hinaus klaffen die Vorstellungen über Öffnung von Unterricht sehr weit auseinander. **Peschel** hat in seinem **Stufenmodell** (s. Folgeseite) zur Öffnung von Unterricht[3] die einzelnen Punkte klassifiziert und übersichtlich dargestellt. Wie weit Unterricht geöffnet wird, hängt sicherlich zu einem Großteil von der jeweiligen Lehrerpersönlichkeit ab. Vor allem das Zutrauen in die Fähigkeit der Kinder, Verantwortung für ihr Lernen zu übernehmen, und das individuelle Bedürfnis nach Sicherheit spielen eine wichtige Rolle, inwieweit Unterricht geöffnet wird.
Ebenso wie Peschel glauben wir, dass die **organisatorische Öffnung** in Stufe 0 die Grundlage für jeden weiteren Schritt zur Öffnung von Unterricht ist. Diese Form der Öffnung finden Sie in vielen Schulen bereits umgesetzt. Die meisten Kollegen arbeiten bereits mit Wochenplänen und/oder setzen Lernstationen in ihrem Unterricht ein. Da Lerninhalte und Methoden hier weitgehend von der Lehrkraft vorgegeben werden und die Kinder hier nur wenig Einfluss nehmen können, bezeichnet Peschel sie nicht als offenen, sondern als geöffneten Unterricht.
Viele Schulen verharren auf dieser Stufe und wissen nicht, wie sie es schaffen sollen, weiter zu öffnen. Da nur wenige von uns Lehrern in ihrer Ausbildung praktische Erfahrungen in wirklich offenem Unterricht machen konnten, betreten die meisten Kollegen an diesem Punkt Neuland. Die verschiedenen Lehrerpersönlichkeiten mit unterschiedlichen Bedürfnissen nach Sicherheit und Anlehnung tragen dazu bei, dass es sich häufig als schwierig erweist, den Unterricht weiter zu öffnen.

2 Vgl. www.uni-protokolle.de/Lexikon/Individualisierung.html, letzter Zugriff am 16.12.2010.
3 Vgl. http://offener-unterricht.net/ou/start-offu.php? action=rast2, letzter Zugriff am 16.12.2010.

Vor allem wenn eine Schule diesen Weg gemeinsam gehen möchte, braucht sie ein Konzept zur Öffnung, das jeder Kollege mittragen und mitgehen kann. Denn nur wenn ich als Lehrer die ersten Schritte der Öffnung positiv erlebe, bin ich auch bereit, weiter zu gehen.

Stufen der Öffnung von Unterricht (nach Falko Peschel)

Stufe	Bedeutung	ausgehend von	Arbeitsformen	Begründung
Stufe 0: organisatorische Öffnung	Vorstufe: „Geöffneter Unterricht"; Öffnung im Hinblick auf Abfolge, Zeit, Ort, Sozialform	Differenzierung durch den Lehrer („von oben")	Freie Arbeit, Wochenplan, Werkstätten, Stationen etc.	lernpsychologisch-didaktisch: Passung zwischen Lernstand und Aufgaben muss gegeben sein.
Stufe 1: methodische Öffnung	Grundbedingung für tatsächlich „Offenen Unterricht"; Öffnung im Hinblick auf Aufgabentypen, Zugangsweisen, Anschauungsmittel, etc.	Individualisierung durch den Schüler („von unten")	Freiarbeit, Reisetagebücher (nach Ruf/Gallin)	lern- und entwicklungspsychologisch: Lernen als eigenaktiver Konstruktionsprozess des Subjekts
Stufe 2: methodische und inhaltliche Öffnung	weitgehende Umsetzung von „Offenem Unterricht"; zusätzlich zu organisatorischer und methodischer Öffnung auch Mit-/Selbstbestimmung im Hinblick auf Inhalte	dem interessengeleiteten Lernen des Schülers	Didaktik des weißen Blattes (Zehnpfennig/Peschel)	lern- und motivationspsychologisch: Lernen ist am effektivsten, wenn es vom Lernenden als selbstbestimmt und bedeutsam erlebt wird.
Stufe 3: soziale Öffnung	Öffnung des Unterrichts in Richtung Demokratie und Selbstverwaltung; Öffnung im Hinblick auf Mitbestimmung in Teilbereichen des Schullebens/der Klassengemeinschaft	Basisdemokratie und Schülermitgestaltung, Lehrer als Partner der Kinder, gibt möglichst viel Verantwortung an sie ab	Didaktik der sozialen Integration (Peschel 2002)	bildungstheoretisch-politisch: Soziale Erziehung ist am effektivsten, wenn die Strukturen vom Einzelnen selbst mit geschaffen und als notwendig/sinnvoll erlebt werden.

1.3 Entwicklung des Konzeptes

All die oben beschriebenen Punkte beschäftigten uns auch, als wir im Jahr 2005 im Zuge der Einrichtung der neuen Schuleingangsphase begannen, jahrgangsübergreifend zu unterrichten. Schnell stellten wir fest, dass wir mit den bisherigen geöffneten Unterrichtskonzepten, wie Stationenlernen oder Wochenplanarbeit, der Heterogenität unserer Schülerschaft nicht mehr gerecht wurden. Einige von uns begannen, individuelle Wochenpläne zu schreiben, klagten aber über die enorme Arbeitsbelastung, auch auf Grund der Klassengröße. Uns wurde klar, dass wir in Zukunft andere Wege beschreiten mussten.

So entstand die Idee der Entwicklung eines Unterrichtskonzeptes, in dem eine individuelle Förderung sowohl nach oben als auch nach unten durch klare Strukturen ermöglicht werden sollte. Kein Kind sollte mehr über- oder unterfordert werden, weil es nicht im vorgegebenen Tempo lernt. Das Konzept sollte aber auch den Arbeitsaufwand für jeden Lehrer leistbar machen.
Es sollte die Kinder bereits ab dem ersten Schultag an das selbstständige Arbeiten heranführen, damit die **Individualisierung des Unterrichtsstoffes von Anfang an**, unter Berücksichtigung der individuellen Lernvoraussetzungen, ermöglicht wird.

1.3.1 Das Konzept im Überblick

Das von uns entwickelte Konzept ist so aufgebaut, dass die Kinder, Eltern und Lehrkräfte sich sehr **leicht orientieren** können. Es gibt **für jedes Schuljahr einen Jahresarbeitsplan**, der in **verschiedene Farben** eingeteilt ist. Jede Farbe steht für einen Lernbereich, z.B. im 1. Schuljahr Gelb im Bereich Deutsch für die Erarbeitung der Laut-Buchstaben-Beziehung. Wenn ein Kind gerade in diesem, dem gelben Lernbereich arbeitet, hat es in seinem **„Lerntagebuch"** (vgl. Kapitel 2.6.2) auch einen farblich passenden gelben **Teilarbeitsplan**. An einem bestimmten Platz im Regal findet es alle gelb gekennzeichneten Arbeitsmaterialien, die sich ausschließlich mit der Laut-Buchstaben-Beziehung befassen. Ebenso verhält es sich mit den anderen Lernbereichen und deren Farben. (Alle Jahres- und Teilarbeitspläne finden Sie als Vorlage auf der **DVD**.)

Symbole und Farben von Arbeitsplänen und Materialien stimmen genau überein.

Hat ein Kind einen Lernbereich abgeschlossen, kommt es in den nächsten. Es kann so in seinem Lerntempo fortfahren und muss nicht auf andere Lerner warten.
Durch die Vorgaben in den Arbeitsplänen stellen wir sicher, dass jedes Kind die von den Richtlinien geforderten **Lernziele und Kompetenzen** erreicht. Darüber hinaus erhalten die Kinder vielfältige Möglichkeiten, um sich **eigene Lernschwerpunkte** zu setzen. Dies können zusätzliche Materialien sein, selbst zu entwickelnde Forscherplakate, Geschichtenbücher, selbstgestellte Experimentieraufgaben, Sprachforscheraufgaben etc. Die klare und übersichtliche Struktur ermöglicht es den Kindern also **von Anfang an**, individuell und selbstständig zu lernen. Bereits nach kurzer Zeit benötigen sie kaum noch Hilfe bei der Wahl des Materials und bei der Dokumentation in ihrem Lerntagebuch.
Die von uns vorgesehenen begleitenden Verfahren zur **Lernstandfeststellung** ermöglichen uns Lehrern, den individuellen Lernstand jedes Kindes im Blick zu behalten und bereits beherrschte Lerninhalte ggf. auch aus dem Arbeitsplan zu streichen. Hierdurch erhält das Kind zusätzlichen Freiraum, um sich eigene interessante Lernthemen zu suchen und dazu zu forschen. Durch die Individualisierung, die dem Kind auch methodisch und inhaltlich zahlreiche Wahlmöglichkeiten bietet, öffnen wir unseren Unterricht

auch in die anderen Stufen des Modells von Peschel hinein. Wir sind uns bewusst, dass unser Unterricht (noch) nicht in letzter Konsequenz die möglichen Grade der Öffnung komplett ausschöpft. Allerdings merken wir, wie es uns **von Jahr zu Jahr leichterfällt**, die Kinder freier werden zu lassen. Dies liegt zum einen in unserer jährlich steigenden Sicherheit, zum anderen aber auch in der stetig wachsenden Selbstständigkeit und der zunehmenden Eigenverantwortung unserer Kinder. Sie bringen immer mehr Themen und Fragen in den Unterricht mit ein und gestalten ihn dadurch maßgeblich.
Vor allem bei der Entwicklung der Kinder zeigt sich natürlich ein deutliches Plus der **Jahrgangsstufenmischung** gegenüber jahrgangshomogenen Klassen. Ein Teil unserer schon erfahrenen Kinder bleibt uns beim Schuljahreswechsel erhalten und zeigt den Schulanfängern, wie es geht. Aber auch in einer jahrganghomogenen Klasse funktioniert das Konzept der Individualisierung. Die Vorbildfunktion wird hier von den leistungsstärkeren und kreativen Kindern übernommen.
Durch diese Vorbildfunktion der Mitschüler und den hohen Grad der Selbstständigkeit haben Sie als Lehrer viel mehr Zeit, sich um einzelne Schüler zu kümmern. Hinzu kommt, dass alle Pläne, die die Schüler im Laufe eines Schuljahres benötigen, bereits zu Beginn des Schuljahres vorliegen. Auf diese Weise können Sie jederzeit flexibel auf die Lernentwicklung der Kinder reagieren. So erfahren Sie eine spürbare Arbeitsentlastung im laufenden Schuljahr.

1.3.2 Vorteile des Konzeptes „Individualisiertes Lernen von Anfang an" im Überblick

Viele Vorteile des Konzeptes sind auf den letzten Seiten schon erwähnt worden, doch möchten wir sie Ihnen noch einmal gebündelt vorstellen:

Die Kinder arbeiten von Anfang an sehr selbstständig und konzentriert.

Für die Kinder:

- Kein Kind wird mehr über- oder unterfordert.
- Hohe Motivation bleibt erhalten.
- Die Kinder werden in ihrer Entscheidungsfähigkeit und Selbstständigkeit gestärkt.
- Durch die Farbgebung im Klassenraum können die Kinder sehr schnell vom Lehrer unabhängig arbeiten.
- Die Kinder malen fertige Arbeitsbereiche in der zugehörigen Farbe in ihrem Jahresarbeitsplan an. Dadurch können sie ihr gesamtes Jahresarbeitspensum leichter überblicken und einschätzen.
- Schnelle Lerner können ihre Neigungen vertiefen oder entdecken.
- Soziale Kompetenzen werden gestärkt.

Für die Lehrer:

- Sie erhalten einen differenzierten Überblick über den Entwicklungsstand jedes Kindes.
- Auch bei großen Klassen bleibt der Arbeitsaufwand leistbar.
- Mit Hilfe der ausgearbeiteten Vorlage des Jahresarbeitsplans kann jeder Lehrer für seine Lerngruppe den Plan individuell an seine Arbeitsmaterialien anpassen und dabei die vorgegebene Struktur nutzen.
- Unterrichtsstörungen, die in Über- oder Unterforderung ihre Ursache haben, werden minimiert.
- Das Farbsystem ermöglicht Kindern, Lehrern und Eltern jederzeit einen Überblick über den Lernstand.
- Hat man seinen Klassenraum nach dem Farbsystem umstrukturiert, lassen sich Arbeitsmaterialien schnell und beliebig austauschen.
- Der Erwerb grundlegender Kompetenzen ist durch Arbeitspläne sichergestellt und wird nicht aus dem Blick verloren.
- Weitere Öffnung von Unterricht vollzieht sich schrittweise, ohne dass die Beteiligten überfordert werden, da Sie sie mit den Kindern gemeinsam vornehmen.

Für die Eltern:

- Das Konzept gewährleistet hohe Transparenz für Eltern bezüglich des Entwicklungsstandes ihres Kindes.
- Lernfortschritte werden nachvollziehbar.
- Eltern bekommen einen genauen Überblick über das Jahrespensum.
- Sie erhalten ggf. die Möglichkeit zur aktiven Mitarbeit.

1.4 Rückmeldungen zum Konzept

1.4.1 Überblick

Erste positive Rückmeldungen bekamen wir bereits auf dem ersten Elternabend, da die Eltern den Aufbau und das Jahrespensum gut nachvollziehen konnten.
Eine Einschätzung aus Elternsicht finden Sie auf der **DVD, TR 5**.
In der täglichen Unterrichtspraxis zeigte sich bald, dass schnelle Lerner von der Offenheit des Konzeptes profitieren und zügig voranschreiten können. Aber auch den Kindern mit Lernschwierigkeiten in bestimmten Bereichen kommt das Unterrichtskonzept entgegen, da sie bei Bedarf länger bei einem Lernbereich verbleiben können und hier zusätzliche Materialien erhalten.
Auch Kollegen von anderen Grund- und Förderschulen oder Fachleiter, die bei uns hospitierten, waren begeistert und interessiert, dieses Konzept auch bei sich umzusetzen. Durch diese Rückmeldungen sowie durch die für sich sprechenden positiven Unter-

richtserfahrungen entstand die Idee zu diesem Buch. Den letzten Ausschlag gab die überaus positiv ausgefallene Bewertung der Qualitätsanalyse des Landes NRW, deren wesentliche Aussagen wir im Folgenden ausführen.

1.4.2 Rückmeldung der Qualitätsanalyse des Landes NRW

Mit dem Schulgesetz vom 27. Juni 2006 wurde die Qualitätsanalyse NRW als zentrales Instrument zur Entwicklung und Sicherung der Qualität von Schulen in Nordrhein-Westfalen landesweit eingeführt. An unserer Schule fand diese Überprüfung bereits im Januar 2010 statt. Folgende Zitate aus dem Bericht der durchgeführten Qualitätsanalyse möchten wir an dieser Stelle anbringen, um Ihnen die Wirksamkeit unseres praktisch erprobten Unterrichtskonzepts zu verdeutlichen:

- „Zur Sicherung der Anschlussfähigkeit der Inhalte und Kompetenzen erfordert das besondere schulische Konzept jahrgangsübergreifender Förderung **klare Absprachen und große Überschaubarkeit bei den selbstständigen Arbeitsformen**. Hier hat die Schule [...] ein schulinternes Curriculum mit entsprechend verankerten Übersichtsplänen vorgelegt. Die Übersichtspläne, die den Charakter von Jahresübersichtsplänen haben, und die zugehörigen Angaben sind in Beispiel gebender Qualität überschaubar entwickelt."
- „Zu diesem Übersichtsplan hat die GGS Astrid-Lindgren-Schule konkret und detailliert festgelegt, an welchen Inhalten, mit welchen **Arbeitsmaterialien und Kontrollmöglichkeiten** die Schülerinnen und Schüler in aufeinander aufbauenden Lernprozessen eigenständig arbeiten. Damit verbunden sind Hinweise zum Leistungskonzept und zur Leistungsüberprüfung. Daran lässt sich auch **der Stand der Lernentwicklung des einzelnen Kindes klar zuordnen**. Die vorhandenen Teile sind auf einem Beispiel gebend guten Entwicklungsstand, enthalten damit Hinweise für didaktisch sinnvolle Umsetzungen und berücksichtigen zu einem Themenbereich mehrere Kompetenzbereiche und Schwerpunkte. In diesen Curricula sind auch Festlegungen enthalten zur **Verbindlichkeit von Lernstrategien** und Methoden selbstständigen und kooperativen Lernens."
- „In diesen Dokumenten und Vereinbarungen findet die verbindlich festgelegte Grundkonzeption **individualisierten Arbeitens ihre curriculare Vernetzung**. In allen Eingangsklassen wird konsequent nach diesen Plänen gearbeitet. Individuelle Förderung bedeutet hier **größtmögliche Kontinuität von Lernprozessen und weitgehend bruchlose Gestaltung von Übergängen** innerhalb des Systems. Hier findet anspruchsvolles Lernen statt, bei dem Anstrengungsbereitschaft und Lernfreude, Selbstvertrauen und Demokratisches Verhalten in besonderer Weise gefördert werden."
- „Die Unterrichtsstrukturen sind so angelegt, dass das individuelle Lernen kommunikativ in gemeinsames Lernen eingebettet ist durch regelmäßige **Reflexionen über Lernprozesse** und deren Wirkungen. Durch **gegenseitige, kriterienbezogene Rückmeldungen** über Lernergebnisse oder durch gemeinsames Präsentieren lernen die Schüler voneinander und miteinander, entwickeln großes Interesse, Selbstachtung und Selbstvertrauen."
- „Die eingeführten Arbeitsmaterialien und Instrumente zur **Selbstreflexion sichern den individuellen Lernfortschritt und die Selbstvergewisserung** ab. So können die Schülerinnen und Schüler ihren Lernprozess auf ihrem eigenen Leistungsniveau aktiv mit gestalten, Verantwortung übernehmen und Lernstrategien erwerben."
- „Die **Zufriedenheit von Eltern und Schülerinnen und Schülern ist sehr hoch**. Die Eltern schätzten die Wirksamkeit des besonderen pädagogischen Konzeptes als sehr gut ein und nannten Beispiele für die hohen Lernerträge ihrer Kinder im Hinblick auf die personalen Kompetenzen und die Schlüsselkompetenzen sowie den hohen Wissenserwerb."[4]

4 Alle Zitate: Qualitätsanalyse NRW: Qualitätsbericht für GGS Astrid Lindgren. Düsseldorf 2010.

Kapitel 2

Differenzierung und Individualisierung

– Wie funktioniert das?

2.1 Grundanforderungen an das System Unterricht

Die ständige Kultusministerkonferenz der Bundesländer (KMK) formuliert die **Prinzipien für Unterricht** folgendermaßen:
„Ein umfassender Bildungsbegriff geht heute weit über Wissensvermittlung und ‚herkömmlichen' schulischen Unterricht hinaus. Bildung bedeutet die Entwicklung der gesamten Persönlichkeit, die Vorbereitung auf künftige Lebensabschnitte durch die Nutzung von Wissen und die Möglichkeit zum Weiterlernen sowie die aktive Teilhabe an der Gesellschaft." Daher fordert sie von Schulen, „... nachhaltige Veränderungen hin zu einer Lehr- und Lernkultur zu bewirken, in der Lernende zu aktiven Gestaltern ihrer eigenen Lernprozesse werden. [...] Daraus lassen sich wesentliche Prinzipien für das ‚neue' Lernen und Lehren ableiten, z.B. die Einbeziehung der Interessen der Lernenden, die Individualisierung der Lernprozesse, die Selbststeuerung und Selbsttätigkeit der Schülerinnen und Schüler [...]"[5]

Solche oder ähnliche Formulierungen finden wir heute in fast allen Richtlinien der Bundesländer. Wir Lehrer stehen vor der Aufgabe, vielfältig zu differenzieren und den Kindern **Freiraum und Selbstverantwortung** für ihren Lernweg einzuräumen, ohne dabei aber den Überblick über den individuellen Lernstand zu verlieren. Gleichzeitig sind Klassen mit 30 Schülern – egal ob jahrgangshomogen oder -übergreifend – keine Seltenheit. Bei vielen Kollegen kommt da die Frage auf, wie dieses Arbeitspensum bewältigt werden kann, ohne persönlich Schaden zu nehmen.
Um dies zu vermeiden, muss ein unterrichtlicher Rahmen geschaffen werden, der es erlaubt, mit leistbarem Einsatz effizient zu arbeiten. Es bedarf einer **Organisationsstruktur**, die klar und übersichtlich ist, sodass Sie sofort erkennen, wo ein Kind steht und woran es weiter arbeiten muss. Ebenso muss die Unterrichtsorganisation den Kindern aber ermöglichen, zeitlich und inhaltlich differenziert voranzuschreiten.
In einem solchen individualisierten Unterricht muss das selbstständige, eigenorganisierte Lernen der Schüler gestärkt werden. Nur so kann auf den jeweiligen Lernstand und das Tempo eines jeden Kindes eingegangen werden. Die Schüler müssen zu aktiven Lernern werden, die ihren Lernweg unter Anleitung des Lehrers planen, die sich mit geeignetem Material die Inhalte aneignen, die ihre Ergebnisse dokumentieren und reflektieren. Diese Fähigkeiten können Schüler im Frontalunterricht, in dem alle zur gleichen Zeit am selben Thema arbeiten, nur begrenzt erwerben. Dazu bedarf es anderer, offener Unterrichtsformen, die es den Kindern erlauben, selbstbestimmt ihren eigenen Weg zu beschreiten.

Individualisierter Unterricht ermöglicht den Kindern, eigene Lernwege zu beschreiten.

5 www.kmk-format.de/TP2-Berater.html, letzter Zugriff am 16.12.2010.
Hier finden Sie auch weitere vertiefende Informationen zu diesem Thema.

2.2 Freiarbeit als geeignete Form für individualisierten Unterricht

Grundsätzlich könnte man davon ausgehen, dass sich alle Unterrichtsformen, die einen geöffneten Unterricht zulassen, für den individualisierten Unterricht anbieten. Sofort werden Ihnen da der Werkstatt- und Stationsunterricht einfallen, da hier vielfältige Themen auf verschiedenen Niveaustufen fächerübergreifend oder fächerspezifisch angeboten werden können. Beide Arbeitsformen beinhalten themengebundene Lernstationen, die für einen bestimmten Zeitraum angeboten werden. Alle Kinder arbeiten am selben Thema.
Da wir aber in unserem Konzept von einer wirklichen Öffnung des Unterrichts – sowohl zeitlich als auch inhaltlich – ausgehen, haben wir uns für das Konzept der Freiarbeit entschieden. Deren Ablauf und Konzeption erklären wir in den folgenden Abschnitten genauer.

2.2.1 Merkmale der Freiarbeit

Freiarbeit ist eine Lernzeit, in der die Schüler **Raum für eigene Entscheidungen** bekommen. Sie treffen auf eine vorbereitete und auf ihre Lernausgangslage abgestimmte Lernumgebung. In diesen Stunden können die Kinder ihren Lernstoff nach ihren eigenen Interessen wählen. Sie haben dabei folgende Entscheidungsmöglichkeiten:

- zeitlich (wann?)
- räumlich (wo?)
- hinsichtlich der Lernpartner (mit wem?)
- methodisch (wie?)
- inhaltlich (was?)
- sozial (Einzel, Gruppen- oder Partnerarbeit?)

Somit arbeiten die Schüler weder inhaltsgleich noch zeitgleich oder zielgleich.
Der **Lehrer ist Unterrichtsbegleiter**, er gibt den Schülern Rückmeldungen über ihre Aktivitäten in der Unterrichtszeit. Er minimiert das Lehren und Unterrichten und ist stattdessen Lernberater. Dadurch schafft er sich freie Zeiten, in denen er ganz gezielt einzelne Kinder oder Gruppen fordern oder fördern kann.[6]

2.2.2 Ganzheitliche Differenzierung

Die Differenzierung erfolgt also nicht nur aus dem zeitlichen Aspekt heraus, wann ein Thema bearbeitet wird, sondern auch in inhaltlicher Hinsicht, was gelernt wird. Lerninhalte, die ein Kind bereits beherrscht, müssen nicht weiter bearbeitet werden. Auf diese Weise wird verhindert, dass Kinder durch langatmiges Üben bekannter Inhalte ihre Lernmotivation verlieren. Sie müssen nicht auf langsamere Lerner warten, bevor sie selbst weitergehen dürfen. Umgekehrt werden Kinder, die noch nicht so weit sind, nicht durch die für alle vorgegebenen Inhalte überfordert.
Bestehen Defizite in einem Teilbereich, so können diese vor allem in der Freiarbeit in den Vordergrund gestellt und trainiert werden. Durch **individuelle Absprachen** werden die Schwächen aufgearbeitet. Während der Freiarbeitszeit kann der Lehrer sich des Öfteren neben ein Kind setzen und ihm den nicht verstandenen Stoff noch einmal erläutern. Oder aber ein anderes Kind übernimmt diese Aufgabe und wiederholt dadurch für sich auch noch einmal diesen Lerninhalt. Auf diese Weise profitieren beide Kinder davon, denn etwas erklären zu können, ist die höchste Stufe des Verstehens. Verbindliche Inhalte, die für alle Kinder gelten, können durch vielfältiges Material auf verschiedenen Lernwegen, unter Berücksichtigung der unterschiedlichen Lerntypen,

6 Weitere vertiefende Informationen zu dem Thema Freiarbeit finden sie auf folgender Homepage: http://methodenpool.uni-koeln.de/freiarbeit/frameset_freiarbeit.html, letzter Zugriff am 12.01.2011.

erworben werden. Die Schwierigkeitsstufen werden differenziert, sodass zwar alle Schüler denselben Inhalt lernen, dabei aber individuelle Erfahrungen machen.

2.2.3 Strukturierungsmöglichkeiten der Freiarbeit

Freiarbeit bedeutet unserer Meinung nach jedoch nicht, dass jedes Kind tun und lassen kann, was es möchte. Wie oben erwähnt, braucht die Freiarbeit einen fest gesteckten Rahmen, in dem sich die Kinder dann frei bewegen können. Deshalb gibt es bei uns zu jedem Themengebiet **Pflicht- und Wahlaufgaben**. Die Pflichtaufgaben sind von uns so gewählt, dass jedes Kind die in den Richtlinien geforderten Basiskompetenzen erreicht. Alle Pflichtaufgaben werden im jeweiligen Teilarbeitsplan aufgeführt; und sie sind so dargestellt, dass die Kinder auf einen Blick erkennen können, dass es sich um einen verpflichtenden Lernbaustein handelt. Somit haben die Kinder eine Orientierung, was wir von ihnen erwarten. Durch diese Transparenz stärken wir sie in ihrer Verantwortung für ihr Lernen. Sie nehmen nicht nur den vom Lehrer angebotenen Lernstoff auf, sondern sind mitverantwortlich dafür, ihre Lernziele zu erreichen. Darüber hinaus können die Kinder zu jedem Zeitpunkt im Schuljahr erkennen, was sie schon erreicht haben und was sie noch leisten müssen. Diese Maßvorgabe hilft ihnen auch, die Qualität ihrer Arbeit richtig einzuschätzen. Sie bildet die Grundlage für die **individuellen Beratungsgespräche**, die wir mit den Kindern führen.
Ein solcher Rahmen kann durch individuelle Arbeitspläne, Pflichtaufgaben oder Jahresarbeitspläne geschaffen werden. Wir haben uns aus Gründen der Arbeitseffizienz für das Erstellen von **Jahresarbeitsplänen** entschieden. Dazu gehören **Teilarbeitspläne**, die die Jahresübersicht nochmals strukturieren (vgl. Kapitel 3). Sie helfen den Kindern, den Eltern und natürlich auch uns Lehrern, den genauen Überblick zu behalten. Da die Kinder erledigte und von uns überprüfte Arbeiten in ihren Arbeitsplänen bunt anmalen, können wir auf einen Blick erkennen, an welchem Punkt ein Schüler gerade ist. Zusätzlich zu den Pflichtthemen haben die Kinder in jedem Teilarbeitsplan die Möglichkeit, selbst ausgewählte Materialien, Forscherfragen oder Ähnliches aufzuschreiben. Der Erfolg der Freiarbeit liegt in der richtigen Mischung aus Pflicht- und Wahlaufgaben. Wichtig ist, dass wir Lehrer den Kindern innerhalb der Pläne genügend Raum lassen, interessengeleitet Fragestellungen und Themengebiete zu entdecken.

2.2.4 Wie schaffe ich mir Freiarbeitszeiten?

Die Freiarbeit sollte möglichst täglich **zu feststehenden Zeiten** stattfinden. Ideal wäre eine Doppelstunde. Einzelstunden werden häufig von Kindern und Lehrkräften als zu kurz empfunden, da die Zeit für die Materialauswahl, das Bearbeiten und Wiedereinräumen in 45 Minuten kaum ausreichend ist. Auch für begleitende Planungs- und Reflexionsgespräche bleibt dann nicht mehr genügend Zeit.
In unserer Schule verwenden wir vor allem Deutsch-, Mathematik- und Sachunterrichtsstunden für die Freiarbeit. Auch eventuell vorhandene Förderstunden können in das **Stundenkontingent** der Freiarbeit gut mit einfließen, da wir uns vor allem in dieser Zeit individuell um die Schwierigkeiten eines jeden Kindes kümmern können. Unsere Arbeitspläne ermöglichen detaillierte Absprachen mit den Kindern. So können sie gezielt an ihren Schwächen arbeiten. Auch das Einführen einzelner Kinder in neue Themen findet in unseren Klassen in der Freiarbeit statt. Ebenso könnte eine Stunde Kunst integriert werden, wenn Sie den Kindern wechselnde Gestaltungsangebote anbieten. Zum Beispiel könnte die Fensterdekoration hergestellt werden oder begonnene Arbeiten in der Freiarbeit beendet werden.
Sollten Sie nicht genügend Stunden zur Verfügung haben, um täglich zwei Stunden Freiarbeitszeit anzubieten, wäre es vielleicht sinnvoll, an bestimmten Tagen mit einer Doppelstunde zu starten.

Aus unserer Erfahrung heraus bieten sich die ersten beiden Stunden des Tages als Freiarbeitszeit besonders an, da die Freiarbeit einen sanften Einstieg in den Schultag ermöglicht und die Schüler im anschließenden Fachunterricht dann noch aufnahmefähig sind. Falls Sie an Ihrer Schule einen **offenen Anfang** praktizieren, geht dieser dann nahtlos in die Freiarbeitszeit über.

2.2.5 Die Freiarbeit mit anderen Unterrichtsformen verbinden

Werkstattunterricht und Stationslernen sind ideal, um in regelmäßigen Abständen die Angebote der Freiarbeit zu ergänzen. Denn hier können vielfältige Themen auf verschiedenen Niveaustufen fächerübergreifend integriert werden. Im Gegensatz zur Freiarbeit, in der die Kinder meist an völlig unterschiedlichen Schwerpunkten arbeiten, haben sie hier die Möglichkeit, **gemeinsam an einem Thema** zu lernen und darüber zu sprechen. Bei der regulären Freiarbeit bieten sich vor allem prozessbezogene Reflexionsgespräche an, z.B. „Wie helfe ich einem anderen Kind richtig?“, „Habe ich mein Lernpensum, das ich mir heute gesteckt habe, erreicht?“, „Wie gut haben wir heute unsere Regeln eingehalten?“, „Was unterscheidet eine gute Hilfestellung vom Vorsagen?“ usw. (siehe **DVD, TR 2**).
Themengebundene Lernstationen ermöglichen hingegen auch das **gemeinsame Reflektieren über Lerninhalte**. Da hier alle Kinder am selben Thema arbeiten, können Fragen zum Unterrichtsstoff in den Mittelpunkt gerückt werden. Durch die Kombination beider Unterrichtsformen werden den Schülern vielfältige Reflexionsanlässe angeboten. Es liegt nahe, diese Lernangebote für einen bestimmten Zeitraum gebündelt anzubieten, das heißt, während der Freiarbeitszeit kann dann auch an den Lernstationen gearbeitet werden. Für diese Zeit heften wir in die Lerntagebücher der Kinder (vgl. Kapitel 2.6.2) den Stations-Pass.

Häufig bringen die Kinder aber auch eigene Ideen und **Themenwünsche** mit in die Freiarbeit ein. Ein **Professor** (s. links), als Sinnbild eines Forschers, soll die Kinder dazu anregen, eigene Fragestellungen aufzugreifen oder sich interessante Themengebiete zu suchen und zu bearbeiten. In die leere Sprechblase des Professors tragen die Schüler ihre ersten Schlagwörter oder Fragestellungen ein. Anschließend forschen sie dazu und tragen Informationen, z.B. aus Büchern, aus Experteninterviews und aus dem Internet, zusammen. Diese schreiben sie dann in eigenen Texten auf und erstellen ein Forscherplakat. Das fertige Plakat stellen sie dann ihren Klassenkameraden und den Eltern auf Klassenfesten vor. Da die Kinder sich dann in diesem Themengebiet besonders gut aus-

Auf Lernplakaten dokumentieren die Kinder ihre selbst gewählten Forscherthemen.

kennen, werden sie zu Experten. Daher bezeichnen wir die Vorträge auch als Expertenvorträge. Im Anschluss an die Präsentation haben die Mitschüler und Eltern noch die Gelegenheit, Fragen zum Thema im Sinne einer Expertenbefragung zu stellen. Auf der **DVD, TR 3** finden Sie beispielhaft einen solchen Expertenvortrag.

Auch wenn die bisherigen Ausführungen es vielleicht vermuten lassen, besteht auch bei uns ein Schultag nicht nur aus Freiarbeit und anderen offenen Unterrichtsformen. **Gebundene Stunden** haben ebenso ihren festen Bestandteil im Alltag. Wir nutzen sie vor allem zur Einführung in Arbeitstechniken, in neue Themen, zum Antizipieren und Lesen von Literatur und zum Knobeln im Mathematikunterricht. Häufig stellen sie die Grundlage dafür dar, dass der eingeführte Unterrichtsstoff in der Freiarbeit selbstständig weitergeführt werden kann. Mehr dazu in Kapitel 4.9.
Einen guten Überblick, wie die tägliche Arbeit in der Freiarbeitszeit abläuft, finden sie auf der **DVD, TR 1**.

2.3 Kriterien für die Materialauswahl

In einem individualisierten Unterricht kommt der räumlichen und materiellen Ausstattung eine besondere Bedeutung zu. Um jedes Kind auf seinem Lernniveau fördern zu können, braucht man, wie schon erwähnt, **vielfältiges Material**, das den Kindern **strukturiert und ansprechend** angeboten wird. Doch welche Kriterien sind bei der Materialauswahl zu berücksichtigen? Was unterscheidet ein gutes Material von einem weniger geeigneten?

Tipp: Immer wenn ein Kind Geburtstag hat, schenkt es der Klasse ein Buch, anstatt etwas Süßes mitzubringen. Dadurch entsteht schnell ein guter Fundus an Büchern zum Schmökern.

Besonders wichtig an dieser Stelle zu erwähnen, finden wir, dass das Material den **Austausch** der Kinder untereinander anregen und zulassen soll. Gut ist auch, wenn es eine gewisse Öffnung beinhaltet oder Fertigkeiten auf verschiedenen Niveaustufen schulen kann. Um die Kinder zum Forschen anzuregen, sollte immer eine gute Auswahl von Sachbüchern und Arbeitsmaterialien, z.B. Papier, Pappe, Stifte und Pauspapier, im Klassenraum bereitstehen.

So gut Ihre Materialauswahl auch ist, bitte vergessen Sie nicht, den Kindern immer wieder Raum zu geben, um interessengeleitet eigene Themen oder Fragen für sich zu entdecken. Denn unserer Erfahrung nach sind es vor allem diese **selbst ausgesuchten Themen**, die die Entwicklung eines Kindes voranschreiten lassen. Nehmen wir als Beispiel das Entwickeln eines Forscherplakats. Die Kinder lernen dabei, ihre Handlungen zu strukturieren und zu planen, trainieren sinnentnehmendes Lesen, unterscheiden wichtige von weniger wichtigen Inhalten, schreiben eigene Sachtexte, machen sich Gedanken über geeignete Präsentationsformen und üben das selbstsichere Vortragen vor größeren Gruppen. Gleichzeitig erhalten sie Rückmeldung über ihre Arbeit und lernen, mit Erfolgen und Misserfolgen umzugehen. Peschel bezeichnet diese Vorgehensweise als „Didaktik des leeren Blattes"[7]. Er sieht hierin die weitgehende Umsetzung des offenen Unterrichts, da neben der methodischen auch die inhaltliche Öffnung vollzogen wird.[8] Um die Kinder immer wieder zum Nachdenken über eigene Fragestellungen anzuregen, erinnert der Professor auf jedem Teilarbeitsplan ab der 2. Lernstufe die Kinder daran, eigene Fragestellungen zu notieren und anschließend für sich zufriedenstellend zu bearbeiten.

7 Vgl. Peschel (2002).
8 Vgl. Peschels Stufenmodell zur Öffnung von Unterricht in Kap. 1.2

Neben den oben beschriebenen Büchern und Arbeitsmaterialien sollten Sie in Ihrer Klasse auch noch vielfältige Materialien bereithalten, die den Kindern unterschiedliche Lernerfahrungen ermöglichen. In den folgenden Unterpunkten möchten wir Ihnen weitere Auswahlkriterien vorstellen, die Ihnen helfen sollen, Ihr Material sinnvoll auszuwählen.

2.3.1 Wie hoch ist der Lernzuwachs?

Die Frage nach dem Lernanspruch ist natürlich das erste Qualitätsmerkmal eines Freiarbeitsmaterials. Schließlich sollen die Kinder durch den Umgang mit ihm einen echten Lernzuwachs gewinnen. Häufig ist die Versuchung groß, sich von ansprechenden Bildern und leuchtenden Farben irreführen zu lassen. Daher sollte man sich immer fragen, welche Kompetenzen und Fertigkeiten mit dem Material erworben werden können.

2.3.2 Fordert das Material zum aktiven Handeln auf?

Ein weiteres wichtiges Merkmal für qualitativ hochwertiges Material ist die Handlungsorientierung. Durch die aktive Auseinandersetzung mit ihm werden den Kindern Primärerfahrungen ermöglicht. So setzen sie sich viel intensiver mit dem Lernstoff auseinander und können ihn im wahrsten Sinne des Wortes „begreifen". Darüber hinaus können sie vielfältige Erfahrungen in den unterschiedlichsten Bereichen sammeln. Beispielsweise werden die Sensomotorik, die Raum-Lage-Beziehung, das räumliche Vorstellungsvermögen und die Größenvorstellung im Umgang mit dem Material geschult.

Aus den genannten Gründen würden wir einem handlungsorientierten Material gegenüber einer bildlichen Darstellung, z.B. Arbeitsblättern oder einer Arbeitskartei, immer den Vorzug geben. Aber auch in unseren Klassen befindet sich die eine oder andere Arbeitskartei. Allerdings haben wir uns dann bewusst für ihren Einsatz entschieden und auf eine ausgewogene Mischung in unserem Materialangebot geachtet.

Gutes Material sollte zum Handeln auffordern, Lernzuwachs ermöglichen, stabil und ansprechend sein.

2.3.3 Ist das Material leicht verständlich?

Individualisierter Unterricht lebt von der Selbstständigkeit seiner Schüler. Nur wenn ein Material weitgehend **selbsterklärend** ist, hat die Lehrkraft ausreichend Zeit, sich um einzelne Kinder zu kümmern. Anderenfalls wäre sie permanent durch Materialeinweisungen gebunden und hätte kaum noch Zeit, um vertiefende Erklärungen und Hilfestellungen geben zu können. Daher sollte ein Material nicht zu komplex sein und über eine **eindeutige Arbeitsanleitung** verfügen. In Klasse 1 und 2 sollte diese mit wenig Text auskommen.
Auch hier gilt natürlich wieder, dass es Ausnahmen geben kann. Wir arbeiten z.B. mit ausgewählten Montessori-Materialien, die allesamt einer Einführung durch die Lehrkraft bedürfen.
Bei vielen Materialien, die wir einmal eingeführt haben, können die Kinder als **Experten** fungieren: Das heißt, dass sie die Handhabung dieses Materials an andere Kinder weitergeben. Darüber hinaus stehen sie ihren Mitschülern für Fragen zur Verfügung. Da alle Kinder im Laufe der Zeit Experte sein dürfen, wird durch dieses System das Selbstvertrauen der Kinder gestärkt. Sie lernen, sich Hilfe zu holen, aber auch, anderen Hilfestellung zu geben. Neben diesen positiven sozialen Aspekten werden sie auch in ihrer Eigenständigkeit gefördert. Näheres hierzu finden Sie in Kapitel 4.3.1 und 4.3.2.

2.3.4 Gibt es eine Möglichkeit der Selbstkontrolle?

Materialien mit eingebauter Selbstkontrolle haben viele Vorteile. Da die Kinder die Möglichkeit haben, ihre Arbeit direkt zu kontrollieren, erhalten sie ein **sofortiges Feedback**. Sie müssen also nicht erst warten, bis der Lehrer für sie Zeit hat. Die Arbeit und das Ergebnis stehen für das Kind in einem direkten Zusammenhang. Dies ist vor allem bei jüngeren Kindern wichtig. Durch die Kontrollmöglichkeit werden die Kinder in ihrer **Selbsteinschätzung** gefördert. So erhalten sie im Laufe der Zeit ein sehr realistisches Bild ihrer Leistungsfähigkeit. Natürlich gibt es hin und wieder immer mal Kinder, die versuchen, die Lösungen abzuschreiben. Im Regelfalle werden sie aber durch ihre Mitschüler darauf hingewiesen, dass abschreiben sie in ihrer Lernentwicklung nicht weiterbringt.
Vor einiger Zeit fand in einer unserer Klassen dazu ein Gespräch unter Erstklässlern statt: Ein Mädchen hatte die Selbstkontrolle der Blitzrechenkarten genutzt und die Ergebnisse vorne auf die Karte abgeschrieben. Ein Tischnachbar sah das und fragte sie, warum sie denn pfuschen würde? Sie würde dadurch nichts lernen und nur ihre Lernzeit vertrödeln. Eine abgeschriebene Arbeit dürfte man ja schließlich auch nicht im Lerntagebuch anmalen. Das Mädchen antwortete, dass sie die Aufgabe nicht richtig verstanden hätte und deshalb abgeschrieben hätte. Daraufhin erklärte ihr der Junge die Aufgabenstellung noch einmal, und sie wischte von sich aus alle Ergebnisse ab und rechnete neu.
Gespräche wie diese zeigen, wie viel Einsicht und **Verantwortung** schon Erstklässler für ihren Lernweg, aber auch für den anderer Kinder übernehmen können. Sie lösen eigenständig Probleme und geben sich gegenseitig Hilfestellung. Sie lernen, verantwortungsvoll mit dem Prinzip der Selbstkontrolle umzugehen. Damit diese Einsichten entstehen können, sollten Sie als Lehrer mit den Kindern über die Vorteile der Selbstkontrolle sprechen und darüber reflektieren, welche Folgen es für das Kind hat, wenn es sie zum Lösen der Aufgaben benutzt.
Letztendlich entlastet eine integrierte Selbstkontrolle aber auch wieder die Lehrkraft, da sie nicht alles kontrollieren muss.

2.3.5 Kann das Material vielfältig eingesetzt werden?

Ein Material, dass über verschiedene Einsatzmöglichkeiten verfügt, hat zwei Vorteile. Zum einen nimmt es im Regal nur einmal **Platz** ein. Bei den vielen Materialien werden Sie schnell merken, wie sich die Regale im Klassenzimmer füllen. Zum anderen bietet es den Kindern die Möglichkeit, sich mit ihm auf verschiedene Arten zu beschäftigen. Als Beispiel sei hier ein selbst erstelltes Lesematerial genannt. Auf der ersten Ebene sollen die Kinder den Bildern die Textstreifen richtig zuordnen, das heißt, die Lesefähigkeit und das sinnerfassende Lesen werden geschult. Das gleiche Material kann später zum Bestimmen der Wortarten oder als Abschreibübung verwendet werden. Andere Materialien bieten aufeinander aufbauende **Schwierigkeitsgrade** an. Hier liegt der Vorteil darin, dass sie nach ein und demselben Prinzip arbeiten. So können verschiedenste Übungen absolviert werden, ohne dass jedes Mal eine Erklärung nötig ist. In diesen Bereich fallen z.B. die Spectra-Pyramiden vom Schubi-Verlag oder die Logico-Lernserien vom Finken Verlag. Das Handlungsprinzip ist stets dasselbe, dadurch sind die Kinder in der Lage, selbstständig damit zu arbeiten.

2.3.6 Ist Arbeit in unterschiedlichen Sozialformen möglich?

Im Team lernen die Kinder erfolgreicher – hier bei einer Arbeit zu geometrischen Formen in der Kunst.

Ein wichtiges Lernziel der Grundschule ist, neben dem selbstständigen Lernen, die Förderung der sozialen Kompetenz und der **Kommunikation**. Die Kinder sollen lernen, sich geeignete Lernpartner für Partner- und Gruppenarbeit zu suchen und mit ihnen Absprachen zur Arbeit zu treffen. Daher ist es von Vorteil, wenn ein Material es zulässt, dass es von zwei oder mehr Kindern gleichzeitig bearbeitet wird. Durch das Verbalisieren der Arbeitsprozesse erlangen die Kinder wichtige Kompetenzen in ihrer Sprachfähigkeit. Natürlich gibt es auch Kinder, denen es noch schwerfällt, mit anderen Kindern zusammenzuarbeiten, und die daher erst einmal lieber für sich alleine arbeiten. Daher sollten viele Materialien in Ihrer Klasse so offen gehalten sein, dass sie sowohl die Einzel- als auch die Partner- bzw. die Gruppenarbeit gestatten.

2.3.7 Wie steht es mit der Haltbarkeit?

In Zeiten knapper Gelder und hoher Anschaffungskosten versteht es sich von selbst, dass Materialien lange halten sollen. Da die Kinder nicht immer vorsichtig mit ihnen umgehen und auch manchmal Teile herunterfallen, ist es natürlich wichtig, dass Arbeitsmittel robust sind. Karteikarten oder selbst hergestellte Materialien können Sie ggf. laminieren.
Ein weiteres wichtiges Kriterium ist auch, dass Materialien nicht aus zu vielen Einzelteilen bestehen sollten, die leicht verloren gehen. Unvollständige Materialien werden oft unattraktiv und bleiben in den Regalen liegen. Daher fertigen wir in der Regel eine Kopie an, bevor wir den Kindern ein Material in die Hand geben. So können wir verloren gegangene Teile leicht ersetzen.

2.3.8 Sind die Materialien für die Kinder attraktiv?

Letztendlich sollten die Materialien natürlich auch optisch ansprechend sein und die Kinder auffordern, sie in die Hand zu nehmen. Eingestaubtes oder wenig ansprechendes Material bleibt unserer Erfahrung nach häufig unangetastet im Regal liegen, unabhängig davon, wie qualitativ hochwertig es sein mag.
Dazu ist es auch wichtig, dass die Regale selbst aufgeräumt sind. Wir haben hierzu einen Regaldienst eingerichtet. Näheres vgl. Kapitel 4.3.7.

2.3.9 Einbindung der neuen Medien

Neben Lese-, Freiarbeits- und Experimentierecken findet auch die Medienecke ihren festen Platz im Klassenraum. Jede Klasse sollte über mindestens ein bis zwei internetfähige Rechner verfügen. Durch seine motivierende Wirkung eignet sich der Computer besonders für gezielte Förderung und Differenzierung. Dies gilt vor allem für **Lerninhalte, die trainiert werden** müssen, wie beispielsweise der Ausbau der Lesefähigkeit oder das automatisierende Rechnen.

Die Arbeit am Computer gehört von Anfang an dazu.

Die Nutzung des Internets zur **Informationsbeschaffung** ist besonders beim Forschen unerlässlich. Spezielle Internetseiten, z.B. Kindersuchmaschinen, können sehr gut für die Recherche altersgemäßer Informationen zu sachunterrichtlichen Themen genutzt werden. Doch auch der Einsatz von Textverarbeitungs- und Präsentationsprogrammen bietet den Kindern vielfältige Möglichkeiten. Im Bereich der Schreiberziehung stellt der Computer als **Schreibinstrument** einen motivierenden Aspekt dar, und die Kinder können so in die moderne Textverarbeitung eingeführt werden. Präsentationsprogramme, wie Powerpoint, ermöglichen vor allem älteren Schülern den Einstieg in eine professionelle Aufbereitung ihrer Themen. Auch bestimmte **Lernsoftware** bietet eine sinnvolle Vertiefung des gerade erlernten Unterrichtsstoffs. Plattformen, wie *Mathepirat* und *Antolin*, auf denen online gearbeitet wird, lassen sich gut und sinnvoll in die Teilarbeitspläne integrieren.

Darüber hinaus ist es natürlich nützlich, wenn Sie zusätzlich zu der Medienecke in Ihrem Klassenraum auch auf einen Computerraum in der Schule zurückgreifen können. Hier können Sie zeitgleich mehreren Kindern eine Einführung in ein spezielles Programm geben oder sie eine Aufgabenstellung bearbeiten lassen. Das Erlernte können die Kinder dann später auch auf den Computern in der Klasse anwenden. Um die Kinder im Umgang mit dem Computer und dessen Zubehör fit zu machen, lassen wir sie in den Eingangsklassen einen Computerführerschein machen, der sie alles Wichtige lehrt.

Wir hoffen, dass wir Ihnen mit dieser Auflistung einige Impulse für die richtige Auswahl Ihrer Freiarbeitsmaterialien geben konnten.
Viele gute Materialien sind mit relativ wenig Aufwand selbst herzustellen. Materialien, die bei uns zum Einsatz kommen, sowie Tipps, wie man sich mit einem normalen Finanzetat Materialien beschaffen kann, finden Sie in Kapitel 4.1.4.

2.4 Wie richte ich meinen Klassenraum ein?

Die Anforderungen an einen Klassenraum im individualisierten Unterricht unterscheiden sich gar nicht so sehr von „normalen" Klassenräumen, wie man im ersten Augenblick annehmen könnte.
Man benötigt viel Platz in Regalen, um die Materialien unterbringen zu können, eine klare Ordnungsstruktur und Platz für kleine Lernecken, in denen die Arbeit auch einmal liegen bleiben kann. Da jede Schule über unterschiedliche Raumsituationen, Ausstattungen und finanzielle Möglichkeiten verfügt, möchten wir im Folgenden einige Möglichkeiten vorstellen, die Ihnen helfen sollen, Ihren Klassenraum in eine ansprechende Lernumgebung für individualisierten Unterricht zu verwandeln.

2.4.1 Bei vorhandenen Ressourcen ansetzen

Zunächst sollten Sie sich Ihre **individuelle Raumsituation** anschauen. Wie groß ist Ihr Klassenraum? Wie viele Kinder haben Sie in der Klasse? Gibt es vielleicht einen ungenutzten Arbeitsraum in der Nähe, den Sie als Differenzierungsraum verwenden könnten? In unserer Schule hatte z.B. der Hausmeister einen kleinen Arbeitsraum, in dem er seine Materialien aufbewahrte. Auf Nachfragen unserer Kolleginnen war er gern bereit, diesen Raum zu räumen und seine Arbeitsutensilien woanders unterzubringen. Seitdem teilen sich zwei Klassen diesen Raum und haben dort einen Großteil ihrer Freiarbeitsmaterialien untergebracht. Die Kinder genießen es, hier ungestört arbeiten zu können.

Im Flur zu arbeiten, ist ideal bei Arbeiten, die Kommunikation erfordern.

Sollten Sie nicht über einen solchen Raum verfügen, könnten Sie vielleicht im **Flur** entsprechende Arbeitsmöglichkeiten für die Kinder einrichten. In unserem Flurtrakt stehen in Abständen immer mal wieder Tische und Stühle. Hierhin können sich die Kinder z.B. zum Geschichtenschreiben, Wörterdiktieren, Experimentieren etc. zurückziehen. Vor allem für Arbeiten, die ein gewisses Maß an Kommunikation erfordern, eignet sich der Flur besonders, da anderenfalls der Geräuschpegel in der Klasse zu hoch wird.

Bevor Sie Arbeitsecken im Flur einrichten, sollten Sie Rücksprache mit Ihrer Schulleitung und/oder Ihrem Sicherheitsbeauftragten halten, ob die Brandschutzbedingungen eine Nutzung des Flures erlauben. Die Umsetzung dieser Bestimmungen hängt sehr von den räumlichen Gegebenheiten und der Einschätzung der örtlichen Feuerwehr ab. Sollten Sie diesbezüglich unsicher sein, können Sie bei der ortsansässigen Feuerwehr nachfragen.

2.4.2 Möglichkeiten der Materialaufbewahrung

Für eine geordnete Aufbewahrung der Unterrichtsmaterialien stehen verschiedene Möglichkeiten zur Auswahl. Wir zeigen Ihnen nun eine kleine Auswahl an Einrichtungsmöglichkeiten. Wie Sie letztlich Ihren Klassenraum einrichten, hängt davon ab, ob Sie bereits über Regale verfügen, die Sie weiterverwenden können, oder ob Sie neue anschaffen wollen und wie üppig Ihr Budget dafür ist.

Eine Regallösung mit fest installierten, tiefen Regalen.

Niedrige Regale als Trennelemente für Lernecken schaffen zusätzlichen Stauraum.

In dem Klassenraum auf der nebenstehenden Abbildung wurden die **vorhandenen Bücherregale weiter genutzt**. Da sie eine Tiefe von 60 cm haben und damit weit in den Raum hineinragen, stehen die Regale an der Wand. Mit einer Höhe von über zwei Metern sind sie als Raumteiler nicht verwendbar. Durch ihr hohes Gewicht wäre es auch fatal, wenn sie einmal umkippen sollten, weil sich ein Kind daran gehängt hat. Daher sind sie fest an den Wänden verschraubt. Diese Form der Regale gibt eine gewisse Form der Strukturierung vor. Sie können sich entscheiden, ob sie die Materialien nach Teilgebieten unterteilt in einzelne Regale einräumen oder ob Sie auf einer Ebene ein Teilgebiet horizontal anordnen. Durch die Regaltiefe von 60 cm findet hier viel Material seinen Platz.
Die **niedrigen Regale** können, wie in der Abbildung unten links gezeigt, **als Raumteiler** eingesetzt werden. Wenn Sie Regale als Raumteiler einsetzen, sollten Sie darauf achten, dass die Schränke oder Regale so niedrig sind, dass Sie die Kinder dahinter noch sehen können. Im Umkehrschluss sollten die Kinder natürlich auch noch darüber hinwegschauen können.

In der Abbildung unten sehen Sie eine Lösung mit Hilfe eines **Regalsystems aus dem Baumarkt**. Die vorhandenen Regale waren so alt und instabil, dass die Kolleginnen sich für eine preiswerte Form der Neubeschaffung entschieden haben. Neben einem relativ geringen Anschaffungspreis zeichnet sich diese Variante durch einen hohen Grad an **Flexibilität** aus. Sie können mit diesem System die Regallängen, die Abstände zwischen den einzelnen Böden und die Höhen selber festlegen und bei Bedarf verändern. Im Gegensatz zu herkömmlichen Regalen, die über feststehende Außenmaße verfügen, ist die Einteilung der Bereiche für die Materialien hier flexibel handhabbar, da das Regalsystem auf der gesamten Länge durchgängig ist.

Materialaufbewahrung mit einem flexiblen Regalsystem.

Die Regalböden sind in unterschiedlichen Tiefen erhältlich. Ein tieferes Regal nimmt natürlich mehr Material auf als ein 30 oder 40 cm tiefes. Allerdings sind die Kinderarme nicht so lang, dass sie mühelos in ein 60 cm tiefes Regal hineingreifen können. Daher sollten Sie sich bei Ihrer Auswahl überlegen, ob es vielleicht sinnvoll ist, eine geringere Tiefe zu wählen und dafür eventuell ein zusätzliches Regal anzuschaffen, zumal bei tieferen Regalen die Materialien oft hintereinanderliegen.

Ab einer gewissen Höhe des Bodens können kleinere Kinder das dahinterliegende Material nicht mehr sehen. Auch das Aufräumen fällt den Kinder dann schwerer. Diesem Problem können Sie mit einer kleinen **Trittstufe** begegnen. Ein solches Höckerchen kommt auch in der oben beschriebenen Klasse mit den weiter verwendeten tiefen Regalen zum Einsatz. Stabile Trittstufen aus Holz, die durch ihr hohes Eigengewicht nicht so leicht umfallen, sind z.B. bei einem bekannten schwedischen Möbelhaus erhältlich.

Beide bisher vorgestellten Möglichkeiten beziehen sich auf offene Regale. Sie haben den Vorteil, dass die Kinder sehen, was sich in ihnen befindet. Dadurch werden sie eher verlockt, sich auch mit unbekannten Materialien auseinanderzusetzen. Dinge, die hinter Schranktüren lagern, wecken nicht so sehr die Neugier, außerdem sind beim Ein- und Ausräumen häufig die Türen im Weg.

In einigen Schulen werden die Klassenräume auch nachmittags genutzt, z.B. von Arbeitsgruppen, der Ganztagsbetreuung, der Hausaufgabenbetreuung oder der Musikschule. Es ist eine ärgerliche Erfahrung: Nach einiger Zeit fehlen nicht selten ansprechende Einzelteile des Materials. Besonders kleine Plastiktiere, Holzmarienkäfer u.Ä. verschwinden häufig. Durch die vielfältige Nutzung der Räume ist es nicht mehr nachvollziehbar, wann genau das Material verschwunden ist. Je nachdem, wie viele verschiedene Gruppen Ihren Raum nutzen, sollten Sie überlegen, ob Sie sich vielleicht **Schränke mit Rolltüren** beschaffen. Diese sind abschließbar und somit vor fremden Zugriffen geschützt. Das Material wird sicher und staubgeschützt darin aufbewahrt. Dadurch, dass das Rollo nach oben geschoben wird, sind auch keine störenden Türen im Weg.

2.4.3 Farbgebung der Regale

Nachdem Sie geeignete Regale ausgewählt haben, können Sie mit der farblichen Gestaltung beginnen. Für die **Bereiche** Mathematik, Rechtschreiben, freies Schreiben, Lesen und Sachunterricht gibt es jeweils ein eigenes **Symbol** (s. links). In allen Deutschbereichen findet sich das jeweilige Symbol in den drei Farbstufen gelb, orange und rot wieder, weil es dort drei Arbeitspläne pro Schuljahr gibt. In Mathematik gibt es sechs Arbeitspläne, folglich gibt es das Symbol in sechs **Farben**, nämlich in gelb, orange, rot, lila, blau und grün.

Je nachdem, wie Ihre Regale stehen, bieten sich unterschiedliche Anordnungsmöglichkeiten der Materialien in den einzelnen Bereichen an. Stehen Ihre Regale einzeln oder in mehreren kleinen Gruppen im Raum, wäre eine Anordnung der Materialien nach einzelnen Lernbereichen denkbar, das heißt, ein Regal für Lesen in den verschiedenen Farbstufen, ein Regal für freies Schreiben etc. Haben Sie ein Regalsystem an der Wand oder stehen Ihre Regale nebeneinander an der Wand, so wäre auch eine horizontale Anordnung der Materialien denkbar. Bei dieser Variante würde eine Regalebene durchgängig auf der gesamten Länge einem Lernbereich zugeordnet, das heißt, am Anfang des Regals wäre beispielsweise Lesen gelb, danach würde dann Lesen orange und schließlich Lesen rot folgen.

Unabhängig der letztendlichen Anordnung des Materials ist es aus unserer Sicht eine große Hilfe, kleine **Schilder auf dem Material und im Regal** anzubringen, auf denen das jeweilige Symbol in der richtigen Farbe zu sehen ist. Den Kindern wird hierdurch deutlich, wo das passende Regal zu ihrem Arbeitsplan zu finden ist. Auch Kollegen, die vielleicht in der Klasse Vertretungsunterricht machen, gewinnen so schneller den Überblick, wo welches Material aufbewahrt wird.

Mit einheitlichen Farben und Symbolen finden die Kinder schnell die richtigen Materialien.

Wenn Sie also später dann das Material entsprechend der fertig erarbeiteten Teilarbeitspläne in Ihre Regale einräumen, sollten Sie auf jedem Material ein kleines Schildchen anbringen. Auf diesen Schildchen ist das zum Material passende **Symbol** für den Lernbereich in der zum Teilarbeitsplan passenden Farbe abgebildet. Des Weiteren sind die Schildchen durchnummeriert. Jedes Schildchen gibt es 2-mal. Das zweite kleben Sie an die Stelle im Regal, an der das Material aufbewahrt wird. Auf diese Weise wissen die Kinder immer, wohin sie das Material nach Beendigung der Arbeit wieder zurückräumen müssen. So sorgen die kleinen Schildchen für Ordnung in den Regalen und helfen den Kindern dabei, sich schnell und zielstrebig für eine Arbeit zu entscheiden. Jeder Farbbereich beginnt bei der **Nummerierung** wieder bei 1. So vermeiden Sie vor allem bei jüngeren Kindern Unsicherheiten bei der Materialwahl, weil ihnen die großen Zahlen noch nicht geläufig sind.

Die Kennzeichnung der Materialien und der Regalplätze hilft enorm beim Aufräumen.

Auf Grund des Durchnummerierens kann jede Nummer einem Material eindeutig zugeordnet werden. Eventuell legen Sie sich eine Liste mit den vorhandenen Materialien und den dazugehörigen Nummern für jeden Teilbereich an. So haben Sie einen noch besseren Überblick.

Tipp: Wir kleben eine Liste mit allen Materialien in unsere Klassenbücher und nutzen sie gemeinsam mit dem Lerntagebuch als Nachweis über die Inhalte der Freiarbeit.

Um die Ordnungsschilder in **jahrgangsgemischten Klassen** voneinander unterscheiden zu können, verwenden wir in Klasse 1 in Mathematik das Zwanzigerfeld und in Klasse 2 den Hunderterrechenrahmen. In Deutsch unterscheiden sich die Schilder durch ein angebrachtes Apostroph. Dabei stehen zwei Apostrophzeichen für die 2. Klasse. In Klasse 1 entfällt diese Markierung. Auf diese Weise können Sie als Lehrer das Material sofort eindeutig der richtigen Klassenstufe zuordnen. Die Vorlagen für die Material- und Regalschildchen finden Sie auf der **DVD**. Sie sind dort schon immer doppelt hinterlegt, sodass Sie die Ausdrucke nur noch auf farbiges Papier kopieren müssen. Manche Kolleginnen laminieren die Schildchen und kleben sie dann mit doppelseitigem Klebeband auf, andere fixieren sie mit breitem, transparentem Paketklebeband.

2.4.4 Wo richte ich einen Platz für Gespräche ein?

Egal für welche Regallösung Sie sich entscheiden, die Anordnung sollte eine möglichst flexible Nutzung erlauben. Bei der Planung des Klassenraumes sollten Sie aber nicht nur über die Position der Regale nachdenken, sondern auch über einen geeigneten **Platz für Reflexions- und Gesprächskreise**. Gerade dem Gespräch über Lernwege, Lernfortschritte und -methoden kommt im individualisierten Unterricht eine große Bedeutung zu. Daher sollte Ihr Klassenraum über einen leicht erreichbaren Platz verfügen, an dem Sie sich mit den Kindern zügig mit oder ohne Stuhl treffen können. Nach Möglichkeit sollte der Platz dafür so gewählt sein, dass er freibleibt und die Kinder keine Tische und Stühle dafür verrücken müssen.

Mit einem festen Platz für einen Sitzkreis können die Kinder schnell mit der Reflexion starten.

Da wir uns meist mehrmals am Tag in unserem Reflexionskreis versammeln, nutzen wir häufig den Sitzkreis. Dabei sitzen wir alle auf dem Boden. Der Vorteil hierbei ist, dass wir wertvolle Zeit sparen: Bis 30 Kinder mit ihrem Stuhl im Stuhlkreis sitzen, vergeht eine Weile. Außerdem beansprucht der Stuhlkreis mehr Platz als ein Sitzkreis.

Sollte es bei Ihnen nicht möglich sein, dass Sie mit den Kindern auf dem Boden sitzen, könnten Sie über die Anschaffung von Teppichfliesen oder **Sitzkissen** nachdenken. Diese können im Bedarfsfalle dann leicht aus einer Kiste oder einem Regal entnommen werden. **Stapelbare Kunststoffhöckerchen** bieten ebenfalls eine Alternative. Wenn sie nicht im Gebrauch sind, werden sie in einer Ecke des Klassenzimmers übereinandergestapelt aufbewahrt. Allerdings rutschen die Kinder – unserer Erfahrung nach – gerne auf den Hockern hin und her, sodass Sie mit einer permanenten Geräuschkulisse rechnen müssen. Wenn in Ihrer Klasse genügend Platz ist, können Sie auch einen **festen Sitzkreis** einrichten, z.B. aus ausrangierten Turnbänken.

2.4.5 Wie stelle ich die Tische?

Nachdem Sie sich für Regale und einen Platz für den Reflexionskreis entschieden haben, sollten Sie sich über die Position der Tische Gedanken machen. Da die Kinder miteinander arbeiten und kommunizieren sollen, bieten sich **Gruppentische** an. Die Anzahl und Größe der Gruppentische hängt natürlich von Ihrer individuellen Raumsituation und von der Kinderzahl in Ihrer Klasse ab. Bei der Planung sollten Sie berücksichtigen, dass die Kinder sich während des Unterrichts in der Klasse bewegen. Die Regale sollten daher leicht erreichbar und der Abstand zum nächsten Tisch so groß sein, dass die dort sitzenden Kinder nicht gestört werden. Auch die **Gänge** zwischen den Tischgruppen sollten so groß sein, dass man bequem hindurchgehen kann. Sollten Sie viele Kinder in der Klasse haben oder einen relativ kleinen Klassenraum, können Sie auch lange **Gruppentischreihen** bilden. Diese haben den Vorteil, dass sie den Platz einsparen, den man zwischen einzeln gestellten Tischgruppen lassen muss, da sie direkt aneinandergestellt werden. Trotzdem erleichtert ihre Anordnung die kommunikativen Prozesse der Kinder untereinander, und der Weg zu den Regalen ist frei.

Gruppentischreihen können eine Lösung bei begrenztem Platz sein.

Viele Tische verfügen über Haken, die als Aufhängevorrichtung für die **Tornister** dienen. Je nachdem, wie man die Tische zusammenstellt, sind diese Haken nicht mehr nutzbar. Daher sollte man sich im Vorfeld darüber Gedanken machen, wo die Kinder, die an diesen Tischen sitzen, ihre Tornister unterbringen können, damit sie später nicht als Stolperfallen im Weg stehen. Unsere Schüler stellen sie immer unter ihren Tisch an die Seite.

Eine mögliche Variante zeigt der Grundriss unten. In dieser Klasse finden die Gespräche im Kreis vor der Tafel statt. Der Platz reicht sowohl für einen Sitz- als auch für einen Stuhlkreis. Ebenso sind ein Theaterkreis oder ein Halbkreis zur Erarbeitung eines Tafelbildes möglich.

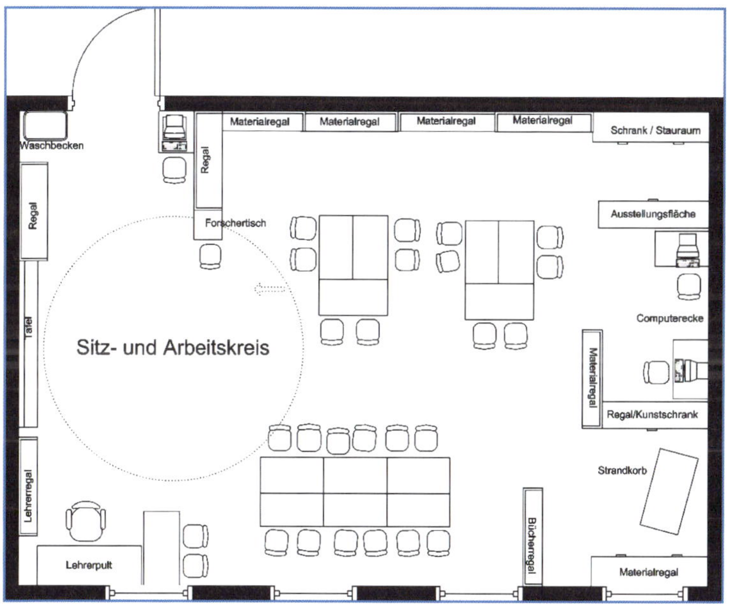

Grundriss einer Klasse mit einem langen Gruppentisch.

Da in einem individualisierten Unterricht der Anteil des frontalen Unterrichtsgesprächs und der Tafelarbeit vom Platz aus eher gering ist, ist es nicht schlimm, wenn einige Kinder von ihrem Platz aus keine freie Sicht auf die Tafel haben. Wir haben mit den Schülern, die mit dem Rücken zur **Tafel** sitzen, folgende Vereinbarung getroffen: Wenn wir im Plenum etwas besprechen, drehen sie sich einfach auf ihrem Stuhl um und setzen sich verkehrt herum darauf. Dann haben sie einen freien Blick nach vorne.
Das **Lehrerpult** steht seitlich am Fenster. Hierdurch ist zwar kein permanenter Blick auf die Klasse möglich, aber im individualisierten Unterricht ist dies auch nicht nötig. Wir Lehrer sitzen während der Freiarbeit meist neben einem Kind, mit dem wir gerade arbeiten. Ein Teil unserer Schüler befindet sich auf dem Flur oder arbeitet auf dem Boden. Während dieser Arbeitsphasen ist das Lehrerpult häufig nur eine Ablagemöglichkeit für uns und für die Kinder, um fertige Arbeitsmaterialien in das Korrekturkörbchen zu legen. Manchmal arbeiten auch besonders unruhige und unkonzentrierte Kinder für eine Weile an unseren Pulten, da sie einzeln im Raum stehen und die Kinder so nicht so leicht abgelenkt werden können. Neben dem Pult steht ein **Regal**, in dem wir die **Lehrermaterialien** aufbewahren. Hier lagern erstellte Themenhefte, Arbeitsblätter und Diagnosematerialien. Zur übersichtlichen Aufbewahrung bieten sich neben Ordnern auch Hängeregister an, da sie den einzelnen Farbbereichen zuzuordnen sind und daher eine einfache und Zeit sparende Möglichkeit bieten, um Arbeitsblätter aufzubewahren.

Eine andere Möglichkeit der Klassenraumgestaltung sehen Sie hier:

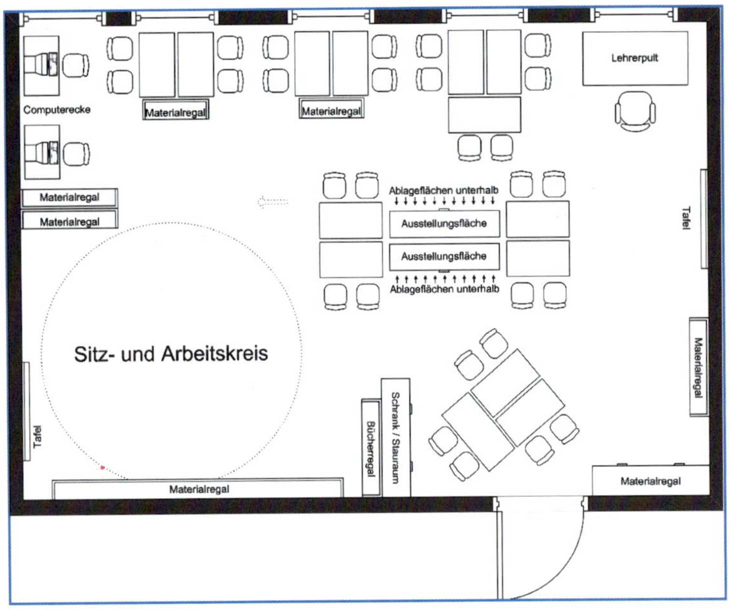

Grundriss einer Klasse mit Regalen als Raumteiler.

Durch das Regalsystem sind auch in diesem Grundriss die meisten Wandflächen für die Materialaufbewahrung reserviert. Der Gesprächs- und Reflexionskreis findet – von der Tür aus betrachtet – in der Ecke hinten links vor den Wandregalen und der kleinen Wandtafel statt. Schränke und andere Regale trennen den Sitzkreis vom Rest des Klassenraums ab und begrenzen ihn. Hierdurch ist sein äußerer Rahmen für die Kinder fest abgesteckt, und sie können zügig in den Kreis kommen. Während der Freiarbeit kann diese Fläche für Materialien genutzt werden, die so viel Platz beanspruchen, dass sie nicht am Sitzplatz bearbeitet werden können. Eventuell kann man die Fläche mit einem großen **Teppich** auslegen, der vor Bodenkälte schützt und Behaglichkeit für die Kinder schafft. Gespräche finden in dieser Klasse fast ausschließlich im Sitzkreis statt, da für einen Stuhlkreis der Platz nur knapp ausreicht. Tafelbilder werden meistens im Sitzkreis an der Wandtafel entwickelt.

Die Tische sind in Gruppen über den Rest des Raumes verteilt. Niedrige Regale trennen sie an manchen Stellen vom Nachbartisch ab. Alle Regale sind auch hier leicht zu erreichen. Das Lehrerpult steht wiederum seitlich am Fenster und verfügt ebenfalls über Aufbewahrungsmöglichkeiten für Lehrermaterialien.

2.4.6 Schaffen Sie Rückzugsräume

Wie schon erwähnt, bieten **niedrige Regale** die Möglichkeit, **kleine Lernecken** vom Raum abzutrennen. Dies könnten eine Leseecke, eine Computerecke oder einfach eine kleine Fläche sein, in der länger andauernde Arbeiten, die Platz erfordern, liegen bleiben dürfen. Kleine Nischen bieten den Kindern die Chance, sich aus dem großen Ganzen der Klasse zurückzuziehen. Hier können sie sich in ein Buch vertiefen, konzentriert und **ungestört arbeiten** oder sich nach einer anstrengenden Arbeit einen Moment **entspannen**.

Die Ausgestaltung der Lernecken ist natürlich wieder von Ihrer individuellen Situation abhängig. Häufig reichen aber ein kleines Stück Teppich und ein paar kuschelige Kissen, um für die Kinder ein behagliches Plätzchen zu schaffen. Beides können Ihnen vielleicht engagierte Eltern spenden.

Mit wenig Geld und Aufwand können Sie auch eine **Massagekiste** zur Entspannung und zur Förderung der taktilen Wahrnehmung zusammenstellen. Massagebälle, Bokomas für die Kopfmassage und Rückenroller sind preiswert zu erstehen und zeigen große Wirkung. Für einige Kinder ist die Aussicht, sich nach Beendigung einer Arbeit mit der Massagekiste zurückziehen zu dürfen, der Antrieb, zügig fertig zu werden.

Besonderes Highlight in einer unserer Klassen ist eine Leseecke, in der ein **Strandkorb** steht. Schon morgens um acht, wenn die Klasse aufgeschlossen wird, ziehen sich die Kinder dorthin zurück, um zu lesen. Aber auch für andere Arbeiten wird er gerne genutzt: z.B. zum Abfragen von Einmaleinsaufgaben, zum Partnerlesen oder zum Auswendiglernen von Gedichten. Aber auch alle anderen Nischen werden begeistert angenommen und intensiv genutzt.

Mit einer guten Organisation lassen sich auch kleine Klassenräume effektiv nutzen.

Die Nutzung der niedrigen Regale als Raumteiler bietet neben der Schaffung der Rückzugsräume aber noch weitere Vorteile. Auf den Regalen entstehen **Ablagemöglichkeiten**. Zum einen können Sie dort dauerhaft Material lagern, oder Sie nutzen diese Flächen als Präsentiertisch, auf dem die Kinder selbst erstellte Arbeiten auslegen und vorstellen können. Auch für den Aufbau von Lernstationen und Werkstätten kann dieser Platz bestens genutzt werden.

2.4.7 Was ist sonst noch sinnvoll?

Neben der notwendigen Primärausstattung des Raumes gibt es noch viele Kleinigkeiten, die das Lernen erleichtern. Schön ist es z.B., wenn Sie noch Platz für einen **zusätzlichen Tisch** in der Klasse haben. Er kann vielfältig genutzt werden. Hier können Sie **Wochenangebote** unterbreiten, die von allen Kindern bearbeitet werden sollen, z.B das Experiment der Woche, Wörter stempeln oder themenbezogene Bastelangebote. Am Ende der Woche werden die gewonnenen Erfahrungen im Reflexionskreis aufgegriffen und besprochen.
Auch das Einrichten einer **Schreibwerkstatt** wäre an einem solchen Tisch denkbar. In diesem Fall sollte er von ansprechenden Schreibanlässen umgeben sein und Schreibhilfen in Griffnähe bereitstellen, z.B. Wörterlisten für schöne Satzanfänge und Wörterbücher.
Natürlich können Sie die Funktion des Tisches immer mal wieder ändern. So bleibt er attraktiv für die Kinder und wird gerne genutzt.

Auch ein **Teppichhalter mit aufgerollten kleinen Teppichrollen** ist hilfreich. Da die Kinder häufig auf dem Boden arbeiten, schützt ein Teppich vor allem im Winter vor Kälte und Schmutz. Außerdem begrenzt er die Arbeitsfläche eines Kindes. Alle anderen wissen, dass sie dort nicht drüberlaufen dürfen, zudem rutscht das Material nicht so leicht hin und her wie auf einem glatten Boden. Zur leichteren Aufbewahrung werden die Teppichstücke aufgerollt und senkrecht stehend in einem Ständer aufbewahrt. Einige pädagogische Verlage bieten diese Ständer mit Inhalt fertig an. Allerdings sind sie dort sehr teuer.
Im Baumarkt können Sie sich Teppiche zurechtschneiden lassen. Dies ist wesentlich günstiger, und Sie können die Größe selbst bestimmen. Achten Sie darauf, dass die Stücke nicht zu groß werden. Dann fällt es den Kindern schwer, sie einzurollen und wegzuräumen.
Den Teppichständer kann Ihnen vielleicht der Hausmeister oder ein handwerklich geschickter Elternteil bauen. Manchmal werden auch fertig gekettelte Teppiche angeboten, die allerdings erheblich teurer sind. Daher sind kleine Kinderteppiche, die bei verschiedenen Discountern immer einmal wieder im Angebot sind, häufig die preiswertere Lösung. Ein ortsansässiges Möbelgeschäft hat unserer Schule vor Kurzem 20 bereits gekettelte Teppiche kostenlos zur Verfügung gestellt. Es lohnt sich fast immer, in den **Firmen und Betrieben vor Ort** nach Dingen zu fragen, die die Schule benötigt.

Korkpinnwände und mit Filz beklebte **Tabletts** lassen sich gut als Unterlage unter Legematerialien nutzen. Sie verhindern, dass das Material verrutscht. Sollten die Kinder die Arbeit daran während der Freiarbeitszeit nicht beenden, kann das Material auf der Unterlage zur Seite geräumt und am nächsten Tag weiter bearbeitet werden. Natürlich werden diese Tabletts auch fertig angeboten und können bei verschiedenen Herstellern bezogen werden. Für die dreieckigen Lernspiele „Pyramide" des Spectra-Verlags vertreibt der Verlag auch passende Filztabletts. Sollten Sie mit Lernpyramiden arbeiten, halten wir die Anschaffung bzw. den Bau eines solchen Tabletts für empfehlenswert, da unserer Erfahrung nach die Pyramiden selten innerhalb einer Freiarbeitsphase beendet werden.

2.5 Rolle des Lehrers

Im individualisierten Unterricht verändert sich das Rollenbild der Lehrperson. Der Lehrer fungiert nicht mehr allein als Lehrender, sondern mehr als Lernberater. Wie verändert sich Ihre Rolle im Einzelnen?

Die Freiarbeit lässt der Lehrerin Zeit, sich um einzelne Schüler zu kümmern.

- **Optimale Lernbedingungen schaffen:** Der Lehrer bereitet die Lernumgebung so vor, dass jedes Kind möglichst optimale Lernbedingungen vorfindet. Sein Interessenschwerpunkt ist die Frage, wie er einen möglichst hohen Lernzuwachs bei jedem einzelnen Kind erreichen kann.
- **Positive Grundeinstellung aufbauen:** Aber auch eine Grundeinstellung des Vertrauens in die Lernbereitschaft der Kinder ist notwendig, um jedes Kind in seinem individuellen Tempo arbeiten zu lassen. Nur mit diesem Vertrauen kann man akzeptieren, dass manche Kinder länger brauchen. Unserer Erfahrung nach gibt es nur sehr selten Kinder, die die Freiheit der Freiarbeit „missbrauchen", um nicht arbeiten zu müssen. Der überwiegende Teil nutzt diese Zeit sehr intensiv, auch wenn die Kinder

immer mal wieder kleine Lernpausen einlegen. Diese sind aber notwendig, um das Erlernte verarbeiten zu können.

- **Sicherheit durch Regeln und Rituale schaffen:** Gerade in einer Lernumwelt, die durch Freiheit und Selbstbestimmung geprägt ist, benötigen die Kinder klare Strukturen. Feste Regeln und wiederkehrende Rituale geben ihnen ein Gefühl der Sicherheit und Vertrautheit. Je jünger die Kinder sind, desto größer ist ihr Bedürfnis nach Sicherheit und Ordnung. Um sie nicht zu überfordern, führen wir sie in kleinen Etappen an die Freiarbeit und ihre Regeln heran, nehmen uns viel Zeit für unsere Gesprächskreise und beginnen anfangs jeden Tag mit denselben Ritualen. Wie unsere Regeln und Rituale konkret aussehen, schildern wir Ihnen in Kapitel 4.3.8 genauer.
- **Den Lernprozess begleiten:** Natürlich ist der Lehrer über die Lernfortschritte eines jeden Kindes im Bilde. Er hat zu jeder Zeit das zu leistende Jahrespensum im Blick. Dabei achtet er darauf, dass ein Kind nicht nur einseitig in einem Lernbereich arbeitet. Passiert das trotzdem, treffen wir mit Kindern eine verbindliche Vereinbarung. Diese könnte z.B. sein, täglich mit einer Rechtschreibübung oder mit 10-minütigem Kopfrechnen zu starten. Haben wir dann immer noch den Eindruck, dass ein Kind sich bestimmten Aufgabengebieten entzieht, legen wir verpflichtende Materialien fest, die wir in das Lerntagebuch eintragen. Erst wenn es diese Pflichtaufgaben zufriedenstellend erledigt hat, kann das Kind wieder frei auswählen. Während der Freiarbeitszeit haben wir auch Zeit, mit einzelnen Kindern zu arbeiten, ihnen zu helfen etc.
- **Persönliches Feedback:** Je nach Umfang der Aufgabenstellung und aus den Unterrichtsbeobachtungen heraus kann der Lehrer eine adäquate Rückmeldung über den Lernstand und das Arbeitsverhalten des Kindes geben. Das persönliche Feedback ist ein wichtiges Element im individualisierten Unterricht und sollte in regelmäßigen Abständen stattfinden. Zum einen hilft es dem Kind, seine Leistungen selbst zunehmend angemessener einzuschätzen, zum anderen werden ihm die Anforderungen des Lehrers transparent gemacht. Ein Lob, gezielte sachliche Kritik oder aber auch das In-Aussicht-Stellen des nächsten Arbeitsplanes motivieren und sind zugleich Ansporn, das nächste Ziel zu erreichen. Durch gezieltes Feedback wird so die Anstrengungs- und Lernbereitschaft der Kinder gefördert. Feedbackgespräche finden bei uns als Einzelgespräche während der Freiarbeit statt, da wir uns dann die Zeit dafür nehmen können. Als Grundlage für das Gespräch können ein ausgefüllter Feedbackbogen nach Beendigung eines Teilarbeitsplanes, Unterrichtsbeobachtungen zum Sozial- und Arbeitsverhalten, ein Test oder eine durchgeführte Diagnose dienen (vgl. Kapitel 4.4). Getroffene Vereinbarungen dokumentieren wir im Lerntagebuch der Kinder.
- **Regelmäßige Lernstandserhebungen:** Um jedem Kind und seiner individuellen Entwicklung gerecht zu werden, ist es wichtig, dass der Lehrer immer über den aktuellen Lernstand informiert ist. Daher ist neben der Schülerbeobachtung die Diagnose eine der zentralen Aufgaben im individualisierten Unterricht. Mittlerweile gibt es auf dem Markt einige gute Konzepte zur Lernstandsfeststellung. Einige davon werden wir Ihnen im Kapitel 4.4 noch näher erläutern. Nur durch die permanente Diagnose und Anpassung der Teilarbeitspläne kann ein guter Unterricht gewährleistet werden. Nach jeder Leistungsüberprüfung erfolgt ein persönliches Gespräch mit jedem einzelnen Kind. Neben einem Feedback zur erbrachten Leistung stehen die Überlegungen zur weiteren Arbeit im Mittelpunkt des Gesprächs. Die vereinbarten Ziele bzw. Übungsschwerpunkte werden im Lerntagebuch festgehalten.
- **Elternarbeit:** Da viele Eltern ein anderes Schulsystem kennengelernt haben, sind sie manchmal durch ein offenes Arbeitskonzept verunsichert. Häufig können sie sich nicht vorstellen, dass jedes Kind die geforderten Ziele erreicht. Durch die individuelle Arbeitsweise vermissen manche Eltern den Vergleich mit den Mitschülern,

Mit der Einbeziehung von Eltern ins Schulleben – hier als Lesepaten – gewinnen alle: Eltern, Lehrer und Schüler.

und es fällt ihnen schwer, einen großen Teil der Verantwortung für den Lernprozess an ihre Kinder abzugeben. Auch sie benötigen Vertrauen in die Lernbereitschaft ihres Kindes und haben nur begrenzte Kontrollmöglichkeiten. Um diesen Ängsten zu begegnen, sollten Sie anfangs Zeit investieren, um die Eltern mit dem Konzept vertraut zu machen. Dies kann beispielsweise auf Elternabenden geschehen. Hier können Sie umfassend informieren, Jahresarbeitspläne und Teilarbeitspläne vorstellen.

Unserer Erfahrung nach lassen sich fast alle Eltern für individualisiertes Arbeiten begeistern. Je mehr Einblick sie in den Unterricht erhalten, desto mehr stehen sie hinter dem Konzept (siehe **DVD, TR 5**).

Tipp: Binden Sie freiwillige Helfer mit in die Freiarbeit ein. Mitarbeitende Eltern unterstützen Sie in Ihrer Arbeit, indem sie mit kleinen Lerngruppen oder einzelnen Kindern arbeiten. Vor allem schwache Kinder erhalten so wertvolle Unterstützung und zusätzliche Förderung. Eltern können beispielsweise als Leseeltern fungieren oder das Einmaleinstraining übernehmen. Nach einer Einweisung in die wichtigsten Materialien können viele Eltern auch weiterführende Arbeiten leisten. Neben dem positiven Effekt des Einblicks in die Arbeit werden auch Sie in Ihrer Tätigkeit entlastet. Auf diese Weise profitieren alle Seiten davon: Die Eltern, die Kinder und auch Sie als Lehrer.

2.6 Dokumentation des Lernwegs

In einem Unterricht, in dem alle Kinder in ihrem individuellen Arbeitstempo an unterschiedlichen Schwerpunkten arbeiten, ist die Aufzeichnung des Lernweges unverzichtbar. Nur so können alle Beteiligten den Überblick über bereits Gelerntes, Begonnenes und noch Ausstehendes behalten.

2.6.1 Die Arbeit mit den Teilarbeitsplänen

Ausgehend von einem Jahresarbeitsplan, der alle verpflichtenden Inhalte des Schuljahres enthält, notieren unsere Kinder alle erledigten und von uns überprüften Arbeiten in ihren Teilarbeitsplänen. Diese Teilarbeitspläne gliedern den Stoff des gesamten Jahres in übersichtliche Einheiten.
Jeder Farbbereich im Jahresarbeitsplan entspricht einem Teilarbeitsplan. Als Beispiel haben wir auf der Folgeseite einen Teilarbeitsplan des 2. Schuljahres in Deutsch herausgegriffen. Da wir in der flexiblen Schuleingangsstufe jahrgangsübergreifend arbeiten, haben wir auf den Plänen statt des Begriffs „Schuljahr" immer „Lernstufe" gewählt. Ein Kind kann die unterschiedlichen Pläne ja zu einem individuellen Zeitpunkt in seinem ersten, zweiten oder ggf. auch dritten Schulbesuchsjahr bearbeiten. Eine genauere Erläuterung des Aufbaus der Pläne finden Sie in Kapitel 3.2.

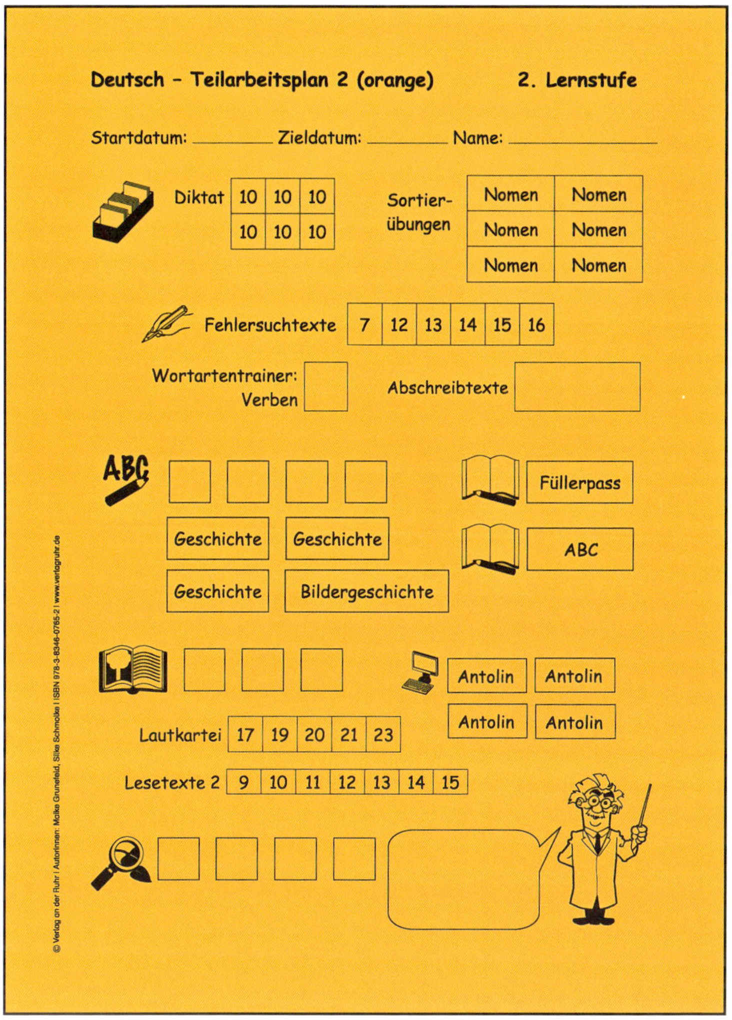

Ein Teilarbeitsplan, mit dem die Kinder den Überblick über den aktuellen Lernbereich behalten.

Alle **verpflichtenden Übungen** und Materialien werden hier ebenso aufgeführt wie die **leeren Kästchen** zu den verschiedenen Lernbereichssymbolen, in die die Kinder ihre **selbst gewählten Materialien** eintragen. Da alle Materialien im Regal farblich gekennzeichnet und nummeriert sind, brauchen die Kinder nur die richtige Zahl des jeweiligen Materials in ihren Teilarbeitsplan zu schreiben. Sobald sie ein Material abschließend bearbeitet und kontrolliert haben, malen sie das entsprechende Kästchen farbig aus.

Diese Form der Dokumentation mit dem Ausmalen der fertigen Arbeiten ermöglicht den Kindern von Anfang an die eigenverantwortliche Arbeit, da sie noch nicht schreiben können müssen.

Der **Professor** mit der Sprechblase für eigene Forscherfragen kommt verpflichtend nur auf den ersten drei Teilarbeitsplänen der 2. Lernstufe vor, kann aber auch schon in der 1. Lernstufe bei Bedarf von den Kindern dazugeklebt werden. In der Sprechblase des Professors notieren die Kinder lediglich die Ausgangsfrage. Diese können sie dann auf einem Plakat oder in einem kleinen Forscherheft alleine oder in einer Kleingruppe ausführlich bearbeiten. Dieses wird nach der Präsentation noch eine Weile im Klassenraum ausgestellt. Grundsätzlich gilt ein Teilarbeitsplan erst einmal für jedes Kind. Sollten wir bei unseren regelmäßigen Lernstandskontrollen feststellen, dass ein Kind den hier geforderten **Stoff bereits beherrscht**, streichen wir die dazugehörigen Übungen oder lassen das Kind im nächsten Arbeitsplan weiterarbeiten.

Im Umkehrschluss treffen wir bei **erhöhtem Übungsbedarf** mit den Kindern Absprachen über noch zu bearbeitende und vertiefende Materialien und notieren diese im Teilarbeitsplan. Auf diese Weise können die Pläne mit wenig Aufwand an die individuelle Lernsituation des einzelnen Kindes angepasst werden. Alle **Anpassungen** sind aus den Teilarbeitsplänen ersichtlich und können nachvollzogen werden. Dies schafft für alle Beteiligten eine hohe Transparenz und erleichtert uns Lehrern die Schülerbeobachtung erheblich, da weitere Schülerbeobachtungsbogen überflüssig werden. Auch das Ableiten eines Förderplans ist in kurzer Zeit möglich. Unter Umständen können Sie die vereinbarten Förderziele auch direkt mit in den Teilarbeitsplan integrieren.

2.6.2 Arbeit mit dem „Lerntagebuch"

Alle **Teilarbeitspläne** sammeln die Kinder in einer **portfolioartigen Mappe**, die bei uns „Lerntagebuch" heißt. Es enthält außerdem eine Schwarz-Weiß-Kopie mit dem Überblick des **kompletten Jahresarbeitsplans**. Haben die Kinder einen Teilarbeitsplan beendet, färben sie ihren Jahresarbeitsplan entsprechend ein. So spiegelt das Lerntagebuch die Lernentwicklung des gesamten Schuljahres wider.

Bei dem Lerntagebuch selbst handelt es sich um eine farbige **Pappmappe**, die von den Kindern beklebt und bunt gestaltet wird. Es bietet sich an, die Mappe mit selbstklebender Transparentfolie zu überziehen, damit sie auch am Ende des Schuljahres noch ansehnlich ist.

Unseren Begriff des Lerntagebuchs haben wir sehr bewusst gewählt, obwohl wir wissen, dass er in der Pädagogik häufig anders verwendet wird. Hier sei vor allem auf das Konzept der Reisetagebücher von Peter Gallin und Urs Ruf[9] und die Lerntagebücher in Mathematik von Christoph Selter[10] hingewiesen. Diese Autoren haben den pädagogischen Begriff des Lerntagebuchs im deutschsprachigen Raum geprägt. Die von ihnen verwendeten Bücher sind im Wesentlichen leere Hefte, in denen die Schüler ihre Erfahrungen, Erkenntnisse, Aufgaben und Übungen aufzeichnen und reflektieren. Der Lehrer tritt schriftlich in die direkte Interaktion mit den Schülern, kommentiert die Aufzeichnungen und gibt Impulse für die Weiterarbeit. Die Eintragungen werden auch anderen Schülern zugänglich gemacht.

Alle diese Kriterien erfüllen unsere Lerntagebücher in dieser Idealform nicht. Wir versuchen aber, durch unsere Gruppen- und Einzelreflexionen genau dieses Nachdenken über gelernte Inhalte zu schulen und bei den Kindern der Klassen 3 und 4 neben der mündlichen Reflexion auch eine schriftliche Einschätzung anzubahnen.

Um eine Reflexion auch über das Arbeits- und Leistungsverhalten anzuregen, werden alle Teilarbeitspläne um einen **Feedbackbogen** ergänzt (vgl. Abbildung, s.a. **DVD**).

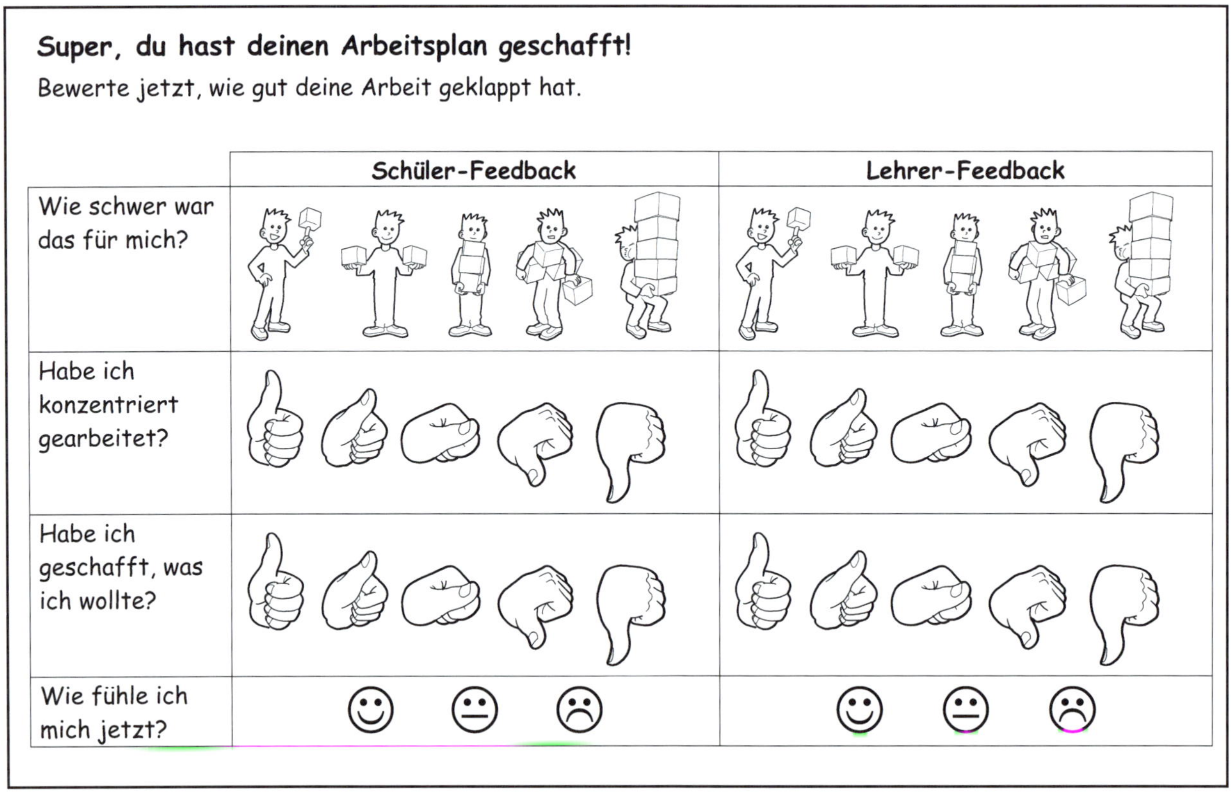

Super, du hast deinen Arbeitsplan geschafft!

Bewerte jetzt, wie gut deine Arbeit geklappt hat.

	Schüler-Feedback	Lehrer-Feedback
Wie schwer war das für mich?		
Habe ich konzentriert gearbeitet?		
Habe ich geschafft, was ich wollte?		
Wie fühle ich mich jetzt?		

Ein solcher Feedbackbogen hilft den Kindern, mehr und mehr ihre Arbeit zu reflektieren.

9 Vgl. die Bücher hierzu: Gallin, Peter/Ruf, Urs (1998): Sprache und Mathematik in der Schule. Auf eigenen Wegen zur Fachkompetenz. Seelze: Kallmeyersche Verlagsbuchhandlung. Ruf, Urs/Gallin, Peter (1999): Dialogisches Lernen in Sprache und Mathematik. Band 2: Spuren legen – Spuren lesen. Unterricht mit Kernideen und Reisetagebüchern. Seelze: Kallmeyersche Verlagsbuchhandlung.

10 Selter, Christoph (1994): Eigenproduktionen im Arithmetikunterricht der Primarstufe. Wiesbaden: Deutscher Universitätsverlag.

Diesen malen die Kinder nach Beendigung eines Teilarbeitsplanes ihrer Einschätzung nach aus. Hierdurch werden sie zum **Nachdenken über ihre Leistungs- und Anstrengungsbereitschaft** angeleitet. Anschließend malt der Lehrer ebenfalls die Darstellung so aus, wie er die Leistung des Kindes einschätzt. Danach nutzen wir die entstandenen Übereinstimmungen oder Diskrepanzen für ein individuelles Reflexionsgespräch zwischen dem Lehrer und dem Schüler. Bestenfalls sollte der Schüler in diesem Tipps oder konkrete Hinweise bekommen, wie er sich verbessern kann. Da die Feedbackbogen ebenfalls im Lerntagebuch aufbewahrt werden, erhalten die Schüler und Eltern mindestens 9-mal über das Schuljahr verteilt Rückmeldung über das Arbeits- und Leistungsverhalten. Im Reflexionsgespräch bekommen die Kinder genaue Hinweise, wie sie sich steigern könnten. Eventuell markieren wir im Feedbackbogen einen Bereich, an dem das Kind während des nächsten Teilarbeitsplans arbeiten soll, und machen diesen Bereich zum Schwerpunkt des nächsten Reflexionsgesprächs. Auf diese Weise erhält das Kind konkrete Hinweise und kann gezielt an seinen Schwächen arbeiten. Die Grafiken bieten somit eine klare Transparenz und Gesprächsgrundlage, auch für den Elternsprechtag.
Somit begrenzen sich die Einträge der Lehrer in das Lerntagebuch nicht nur auf das **Streichen oder Ergänzen von Pflichtaufgaben**. Das Lerntagebuch dokumentiert zum einen die individuellen Lernprozesse und Lernergebnisse und zum anderen die Lernerfolge in Bezug auf das Arbeitsverhalten oder die Leistungsbereitschaft. Es ist nicht nur ein Steuerungselement für den offenen und individualisierten Unterricht, sondern es bildet gleichzeitig die Grundlage, um mit Kindern und Eltern über Lernentwicklung und Leistungen zu sprechen.

Dialogblatt

An Frau/Herrn ______________________

Von: ____________ **Datum:** ____________

Darum geht es:

- ❐ Ich habe eine Frage.
- ❐ Ich habe ein Problem.
- ❐ Mir ist etwas aufgefallen.
- ❐ Ich habe eine Idee.
- ❐ Ich habe einen Verbesserungsvorschlag.
- ❐ Ich möchte etwas vorstellen.
- ❐ Ich möchte von Ihnen ein Zwischenfeedback.
- ❐ ______________________________

____

____

____

____

Anregungen erwünscht! – Mit solchen Dialogblättern können Kinder Probleme oder Vorschläge ansprechen.

Der Begriff des Lerntagebuchs bedeutet für uns auch, dass analog zum herkömmlichen Tagebuch der Schreibende seine Erlebnisse bzw. **täglichen Lernschritte** in chronologischer Reihenfolge dokumentiert. Dies erfolgt bei uns in regelmäßigen Abständen, meistens täglich. Die Kinder tragen die Nummer des gewählten Materials in ihr Lerntagebuch ein. Schließen sie die Bearbeitung des Materials auch ab, malen sie das Kästchen mit der Nummer an, als Zeichen dafür, dass sie die Arbeit beendet haben. Ein Ziel des Tagebuchschreibens für uns ist die Fixierung der Gegenwart für die Zukunft.
Durch das Sammeln aller Teilarbeitspläne ist die Lernentwicklung der Kinder chronologisch ablesbar und auch rückwirkend noch rekonstruierbar. Die Kinder hinterlassen in ihrem Lerntagebuch einen individuellen Lernpfad, der ihnen ein selbstgesteuertes, aber auch kontrollierbares Lernen ermöglicht.
In unseren Lerntagebüchern werden außerdem die so genannten **Dialogblätter** gesammelt, die sich die Schüler mit den Lehrern schreiben. Auf ihnen können die Schüler Fragen, Anregungen und Ideen an den Lehrer richten, indem sie

ein Dialogblatt mit ihrem Anliegen ausfüllen und es in den Postkasten des Lehrers legen. Dieser liest es nach dem Unterricht und beantwortet es entweder schriftlich oder nimmt das Anliegen in die Tagesordnung für den nächsten Klassenrat mit auf, falls das Thema die ganze Klasse betrifft. Vorlagen für die Dialogblätter finden Sie ebenfalls auf der **DVD**.

Kapitel 3

Jahresarbeitspläne und Teilarbeitspläne

Die Grundlage unseres Konzeptes bilden die schon mehrfach beschriebenen Jahresarbeitspläne. Diese haben wir systematisch anhand der neuen **Richtlinien** des Landes Nordrhein-Westfalen und den damit geforderten **Kompetenzen** aufgebaut. Sie enthalten das **gesamte Lernpensum eines Schuljahres** und geben allen Beteiligten einen Überblick über die Lerninhalte des Schuljahres. Dabei war es uns wichtig, dass aus den Jahresarbeitsplänen nicht nur die Lerninhalte ganz konkret entnommen werden können, sondern auch, mit welchen Materialien das Kind sich im Laufe eines Schuljahres beschäftigt haben sollte. Alle Jahresarbeitspläne wurden von den parallel arbeitenden Kolleginnen gemeinsam entwickelt, sodass **zentrale Inhalte und Materialien in allen Klassen gleich** vorhanden sind. Darüber hinaus hat jede Kollegin auch Materialien, die nur sie einsetzt, doch diese werden im Jahresarbeitsplan nicht aufgeführt. Sie werden lediglich im Teilarbeitsplan aufgeführt oder stehen als zusätzliches Lernmaterial im Bereich „freie Auswahl" zur Verfügung.
Das Pensum der Jahresarbeitspläne haben wir **in verschiedene Teilarbeitspläne unterteilt**, das heißt, das am Anfang noch sehr unübersichtliche Ganze wird in überschaubare Einheiten gegliedert. Dies hat für die Kinder den Vorteil, dass sie sich leichter orientieren können und sich nicht durch den gesamten Lernstoff überfordert fühlen. Sie als Lehrer profitieren davon, dass der Lernstoff **für das gesamte laufende Schuljahr** geplant, klar gegliedert und vorstrukturiert ist. Dadurch können die Kinder in ihrem Lernprozess weiter voranschreiten, ohne dass Sie sich von Tag zu Tag Gedanken über die nächsten passenden Materialien machen müssen. Arbeiten einige Kinder schneller als andere, geben Sie ihnen den nächsten Teilarbeitsplan, der ja schon fertig vorbereitet ist, und lassen die Kinder in ihrem Tempo weiterarbeiten.
Ergänzend zu den Jahres- und Teilarbeitsplänen haben wir gemeinsam auch ganz normale **Stoffverteilungspläne** erstellt, die neben den Inhalten und Lernzielen auch noch einmal die Materialien, Methoden und Lehrplanbezüge deutlich machen.

Tipp: An unserer Schule wird das Schuljahr in der letzten Sommerferienwoche gemeinsam im Team vorbereitet, und wir können dann entspannt ins neue Schuljahr starten. Bereits vor den Sommerferien überlegen wir im Team, welche Arbeitsmaterialien (z.B. Themenhefte, Logicals) wir an die Schüler ausgeben möchten. Sie sind so konzipiert, dass die Kinder hineinschreiben können, folglich benötigen wir für jedes Kind ein eigenes Exemplar. Diese Arbeitsmaterialien geben wir schon vor den Ferien in den Druck, sodass sie in der letzten Ferienwoche in ausreichender Menge bereitliegen und wir sie in die bereitstehenden Ablagekörbe in entsprechender Anzahl einsortieren können.

Sobald der Jahresarbeitsplan mit den dazugehörigen Teilarbeitsplänen und die Lernumgebung einmal vorbereitet sind, reduziert sich Ihr Aufwand für die Freiarbeitsstunden auf die Schwerpunktsetzung in den Reflexions- und Vorstellkreisen.
Sicher ist nicht von der Hand zu weisen, dass der **Arbeitsaufwand** beim ersten Mal relativ hoch ist, aber spätestens im Wiederholungsjahr wird er auf ein Minimum reduziert. Falls auch andere Lehrer in Ihrer Schule individualisiert arbeiten, können Sie Ihre Arbeitsmaterialien natürlich auch austauschen, solange es sich nicht um Kopiervorlagen handelt, die Sie ausschließlich für die Nutzung im eigenen Unterricht verwenden dürfen. Wenn Sie jahrgangshomogen arbeiten, müssen Sie auf diese Weise nicht einmal alle vier Jahrgänge durchplanen.
Im Folgenden stellen wir Ihnen exemplarisch die Jahresarbeitspläne unserer Schule vor. Ausführlich werden die Jahresarbeitspläne für Klasse 1 und 2 vorgestellt, da das jahrgangsübergreifende, individuelle Lernen hier einer besonders sorgfältigen Planung bedarf. Wenn die Kinder in Klasse 3 und 4 selbstständiger sind, ist einiges einfacher, sodass auch Sie bei der eigenen Erstellung der Pläne weniger kritische Punkte zu bedenken haben. Die Pläne sind so gestaltet, dass sie mit relativ wenig Aufwand an Ihre schulischen Bedingungen angepasst werden können. Wie das genau funktioniert, darauf gehen wir im Kapitel 5 noch genauer ein. In Kapitel 4.5 finden Sie auch eine ausführliche Auflistung der im Handel erhältlichen Materialien, die wir für die Freiarbeit einsetzen und die im vorliegenden Kapitel im Zusammenhang mit den Arbeitsplänen erläutert werden.

3.1 Jahresarbeitsplan für die 1. Lernstufe

Jahresarbeitsplan 1. Lernstufe

Schreiben ABC	**Lautebene**	**Wortebene**	**Satzebene**
	Anlautlineal; Hörübungen; Anlautübungen	Schreibübungen zu einfachen Wörtern; Weitere Hör- und Schreibübungen; Erstes Schreibheft	Zu Bildern schreiben; Postkarten schreiben; Tagebuchseiten gestalten
	Lautübungen; Erste Schreibübungen; Erste kurze Wörter	Übungen zum Wortdurchgliedern; Stempelkasten	Satzbauübungen; Schreiben zu Bildausschnitten; Bildergeschichten
Lesen		**Erste Wörter**	**Einfache Sätze**; **Kurze Texte**
		Erstes Lesen einfacher, lautgetreuer Wörter	Lesen einfacher Sätze; Lesen einfacher Lesetexte
		Lese- und Phonogrammdosen; Lesekartei	Leseröllchen; Klammerkarten; Weitere Übungen zu Lauten; Erste Bücher
Rechtschreiben	**Laute und Buchstaben richtig zuordnen**	**Lautgetreues Schreiben**	**Abschreibübungen**
	Übungen zu den Lauten; In regelmäßigen Abständen Diagnosetest, um den Plan anzupassen → individuelle Übungen	ch; -ng; -er; -ß; -tz; sch; pf; -el; qu	Erarbeitung erster Rechtschreibregeln
Mathe	**Ziffern und Mengen bis 10**	**Addition und Subtraktion bis 10**	**Addition und Subtraktion bis 20**
	Ziffern schreiben (Heft 1); Mengen bestimmen (Heft 2); Zerlegung (Heft 3); Relationen <, >, =	Addition (Heft 4); Subtraktion (Heft 5)	Addition (Heft 6); Subtraktion (Heft 7)
	Strukturierte Mengenbilder; Übungen zu <, >, =; Zahlzerlegung mit Material	Rechenjogging 1	Verdoppeln; Rechenpyramiden
	Geometrie (Heft 8): Übungen zum Bauen; **Zahlenmauern und Rechendreiecke** (Heft 9): Rechendreiecke; Zahlenmauern bis 20	**Einspluseinstafel – vertiefende Übungen** (Heft 10): Einspluseinstafel; Halbieren; Vertiefende Rechenübungen; Rechenpyramiden; Blitzrechenübungen	
Weiteres Material	Zahlenrolle bis 100; Goldene Perlen, Teil 1	Rechenübungen am Computer	Uhr, ganze und halbe Stunde

Der Jahresarbeitsplan für die 1. Lernstufe. Auf Seite 128 finden Sie eine große Version dieses Plans. Alle Pläne können Sie sich groß von der DVD ausdrucken.

Im sprachlichen Bereich gibt es in der 1. Lernstufe drei Lernbereiche und im mathematischen sechs, erkennbar an den unterschiedlichen Farben. Alle Kinder starten am Anfang des 1. Schuljahres in Deutsch und in Mathe erst einmal mit den gelben Teilarbeitsplänen. Danach kommen in beiden Fächern die orangefarbenen und anschließend die roten Teilarbeitspläne. Sollte sich durch die Einschulungsdiagnostik herausstellen, dass ein Kind die Inhalte des gelben Arbeitsplans schon beherrscht, so darf es natürlich dann in den darauffolgenden orangefarbenen Teilbereich wechseln. Danach schließen sich in beiden Fächern die roten Teilarbeitspläne an.

Je nach ihrem Voranschreiten befinden die Kinder sich im Laufe des Schuljahres in den Fächern in verschiedenen Farbbereichen. Die Kinder müssen und sollen also nicht zwingend in Mathe und Deutsch im selben Farbbereich arbeiten, da in Mathematik die Teilarbeitspläne weniger umfangreich, aber zahlreicher sind. Es gibt in Mathematik sechs Farbstufen; zusätzlich zu den drei oben genannten gibt es noch die Bereiche lila, blau und grün.

3.2 Bedeutung der Symbole in den Jahres- und Teilarbeitsplänen

Die folgende Grafik erläutert die von uns im Jahresarbeitsplan verwendeten **Symbole**. Sie finden sich **in allen Klassenstufen** wieder. Durch die wiederkehrenden Symbole können sich die Kinder leicht und sicher orientieren. Die einzige Ausnahme bildet das Mathematiklogo: In der 1. Lernstufe verwenden wir hierfür das Zwanziger-Punktefeld, und in den Klassenstufen 2 bis 4 wird Mathematik durch den Hunderter-Rechenrahmen repräsentiert. Diese Unterscheidung fanden wir wichtig, da ein Erstklässler durch die Zahlenraumbegrenzung bis 20 sich mit dem Symbol des Hunderterrahmens nicht identifizieren kann.

Erläuterung zum Jahresplan des ersten Schuljahres

In der ersten großen Zeile stehen alle Materialien, die in den Lernbereich Schreiben gehören (z.B. freies Schreiben, Schreibübungen, Dokumentationen usw.).

Hier wird die Lernstufe vermerkt.

In der zweiten großen Zeile stehen alle Materialien, die in den Lernbereich Lesen gehören (z.B. Lesepass, Lesedosen usw.).

Die fett gedruckte Überschrift erläutert das genaue Übungsfeld, in dem die Kinder sich befinden.

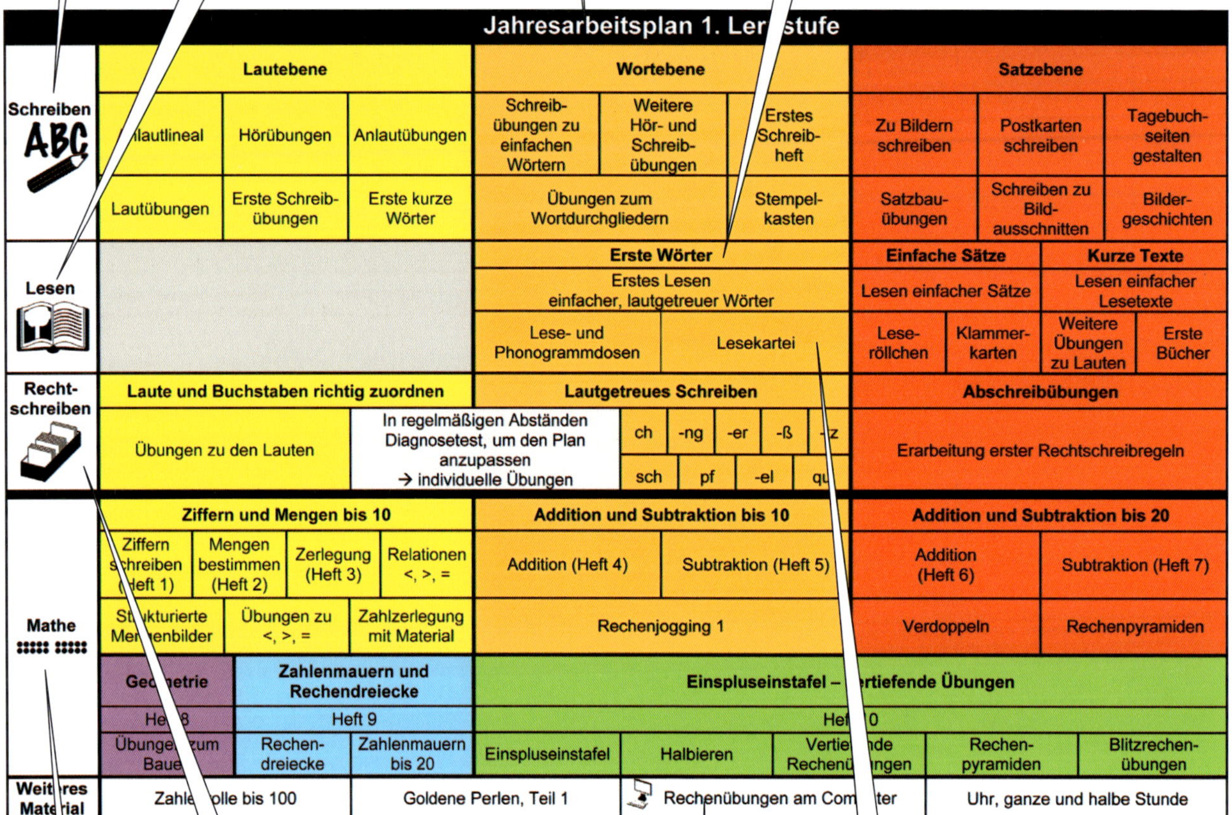

In der dritten großen Zeile stehen alle Materialien, die in den Lernbereich Rechtschreiben gehören. Es handelt sich bei uns um die Materialien der Rechtschreibwerkstatt von Norbert Sommer-Stumpenhorst.

Die Kästchen unter der Unterschrift erläutern die Materialien, die in allen Parallelklassen verbindlich sind.

In der vierten und fünften großen Zeile stehen alle Materialien, die in den Lernbereich Mathematik gehören.

In den weißen Feldern sind Materialien aufgelistet, die die Kinder während des gesamten Schuljahres bearbeiten können, in diesem Fall aus dem Bereich Mathematik.

Auch die **Teilarbeitspläne** verfügen über eine **gleichbleibende Grundstruktur**. Hierdurch wird das selbstständige Arbeiten der Kinder gefördert. Schon nach kurzer Zeit sind die Erstklässler in der Lage, mit ihren Teilarbeitsplänen eigenständig zu arbeiten und ihre Arbeit zu dokumentieren. In den Teilarbeitsplänen finden sich auch die Symbole der Jahresarbeitspläne wieder.
Da die Jahresarbeitspläne einen groben Überblick erlauben sollen, sind hier nur die wichtigsten Materialien aufgeführt, ansonsten würde es zu unübersichtlich. Daher finden sich auf den Teilarbeitsplänen sehr häufig auch verpflichtende oder Wahl-Materialien, die in den Jahresarbeitsplänen nicht aufgeführt sind.

Erläuterung zu einem Teilarbeitsplan Mathematik

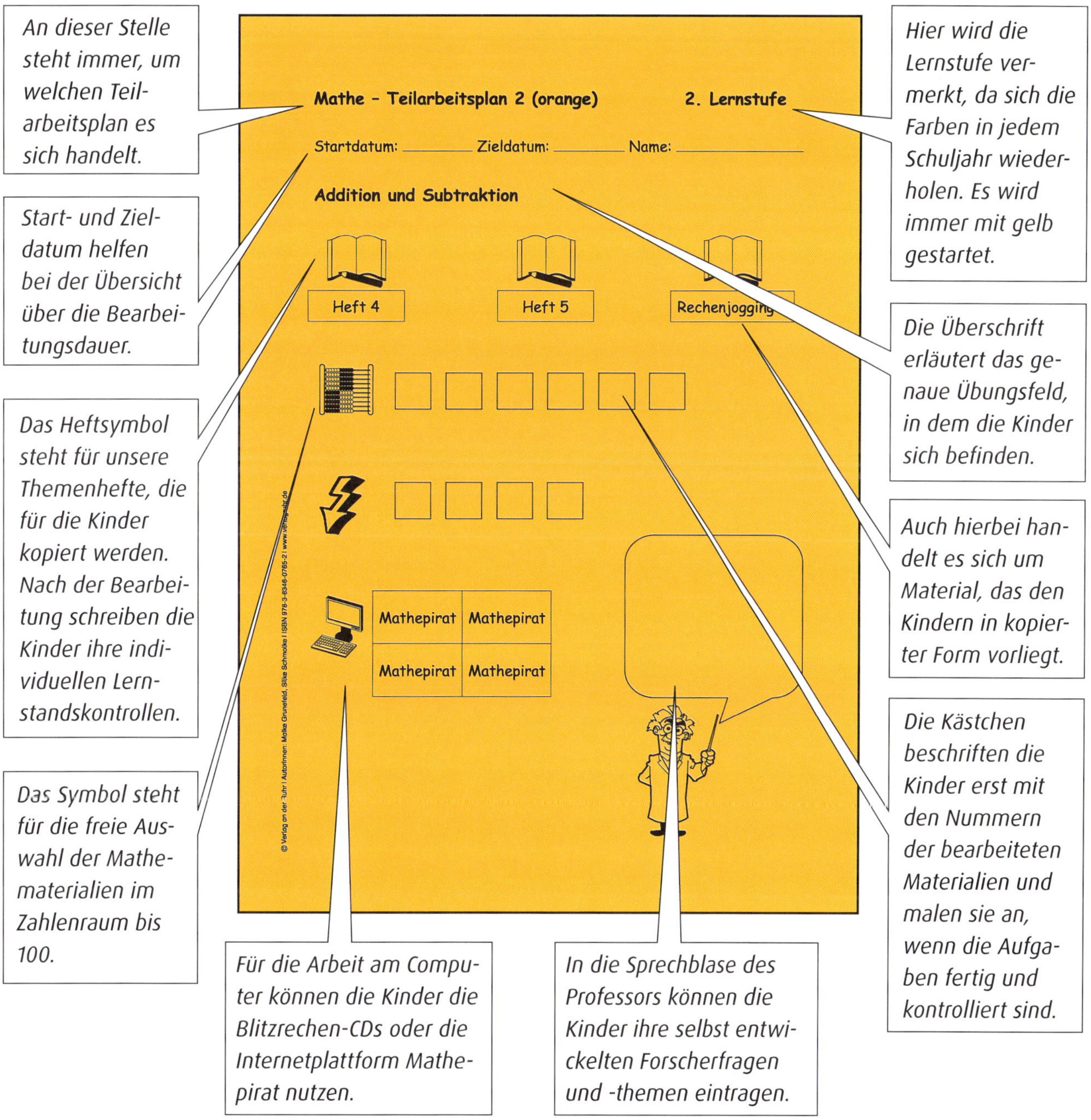

Erläuterung zu einem Teilarbeitsplan Deutsch

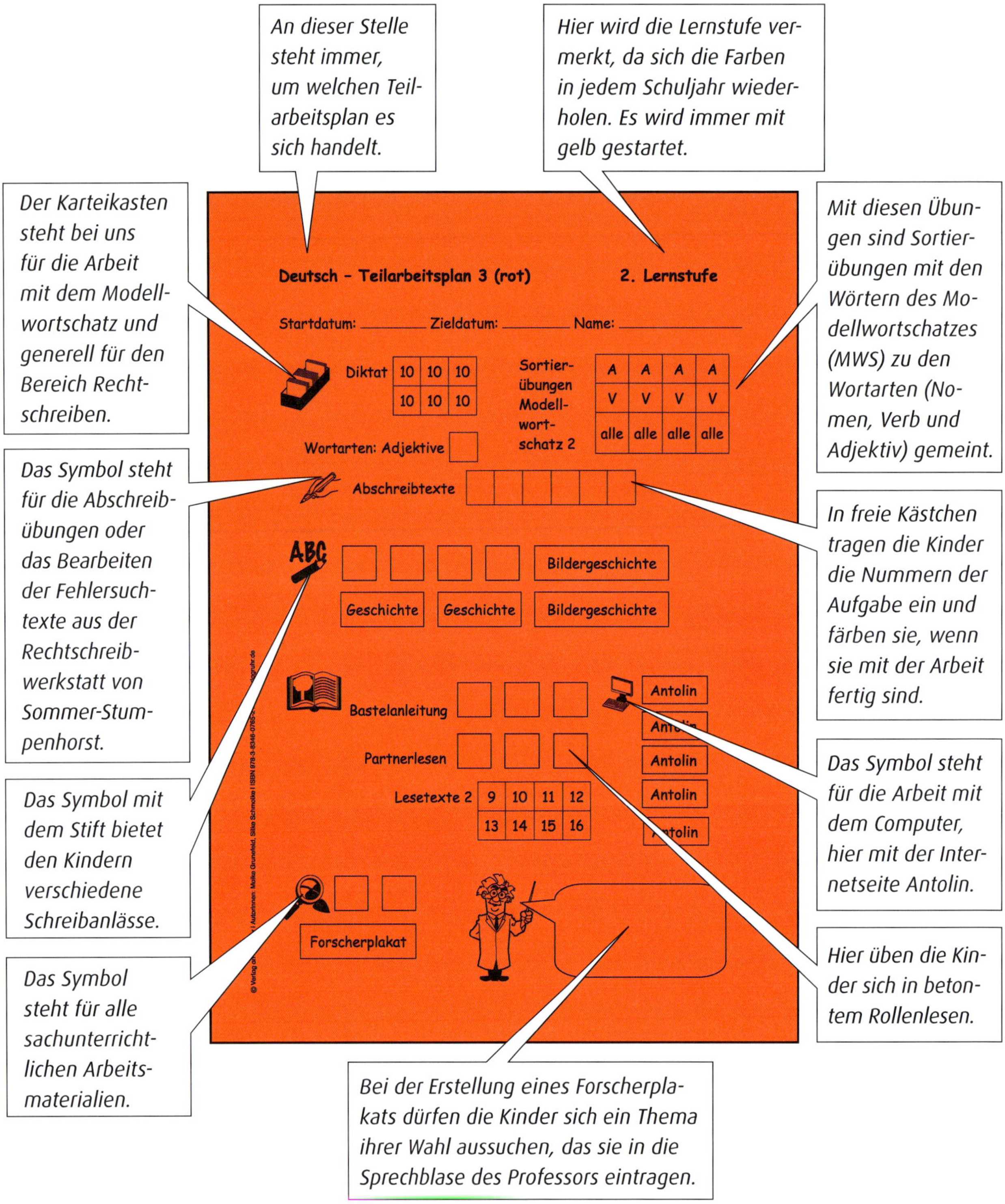

3.3 Übersicht über die zeitliche Verteilung der Lernbereiche im Verlauf eines Schuljahres

Um Ihnen einen Eindruck zu vermitteln, wie unterschiedlich die Arbeitstempi der Kinder sein können, haben wir folgende Grafik eingefügt. Sie zeigt Ihnen, in welchen Zeitspannen die Kinder je nach ihrem individuellen Lerntempo die Teilarbeitspläne bearbeiten.

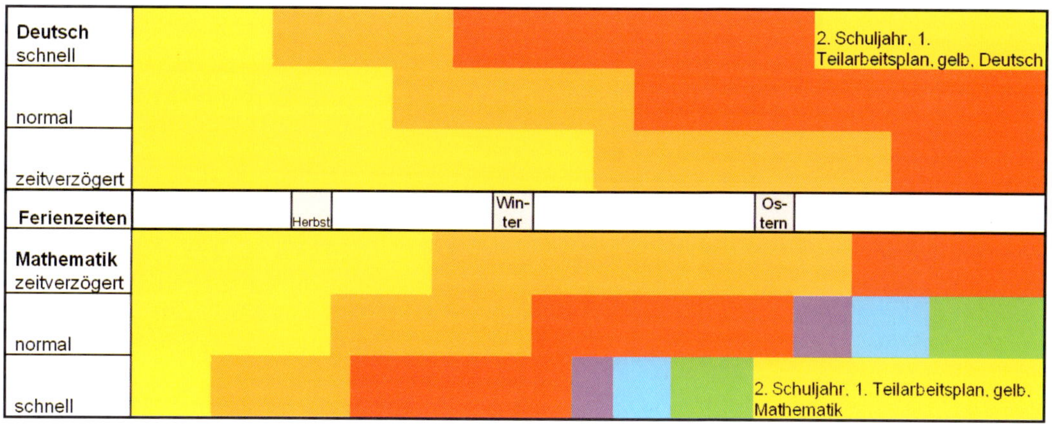

Verteilung der Lernbereiche für Deutsch und Mathematik über das Schuljahr.

Viele Kinder sind spätestens bis zu den Herbstferien mit den gelben Teilarbeitsplänen fertig. In Deutsch arbeiten schon einige Kinder nach den Weihnachtsferien im roten Plan, andere erst nach den Osterferien. In Mathematik gilt generell die Regel, dass die Kinder bis zu den Osterferien gelb, orange und rot abgeschlossen haben sollten. Natürlich können Sie davon abweichen, falls die Osterferien in einem Jahr einmal sehr früh sein sollten. In den meisten Jahren kann man sich aber daran orientieren. Denn dann bleibt den Kindern noch ausreichend Zeit für die restlichen drei Farbbereiche, die nicht so umfangreich sind. Sollten Kinder schon vor Ablauf ihres 2. Schuljahres beide Jahresarbeitspläne bearbeitet haben, fangen sie selbstverständlich mit den Teilarbeitsplänen der 3. Lernstufe an. Deswegen ist es mehr als wünschenswert, dass dieses Unterrichtskonzept in der ganzen Schule umgesetzt wird.
In allen Klassen unserer Schule wird nach diesen Plänen gearbeitet. Das schafft Transparenz und Zuverlässigkeit. In Krankheitsfällen unter Kollegen können Kinder, die auf andere Klassen verteilt wurden, in jeder anderen Klasse auch weiterarbeiten. Auch der Vertretungsunterricht ist somit leichter zu steuern, da man genau nachvollziehen kann, was und woran jedes Kind gerade arbeitet.

3.4 Erklärung zu den Teillernbereichen Deutsch in der 1. Lernstufe

Die jeweiligen Ausschnitte aus dem Jahresarbeitsplan stellen die Inhalte der Lernbereiche prägnant und übersichtlich dar. In ihnen sind, wie bereits erwähnt, nur die zentralen Lerninhalte und die für alle Klassen verbindlichen Materialien aufgeführt. Der dazugehörige Teilarbeitsplan untergliedert den Lernbereich weiter: Hier finden die Kinder konkrete Übungen und zusätzliches Material wieder. Des Weiteren dienen die Teilarbeitspläne der genauen Dokumentation. In ihnen halten die Schüler genau fest, woran sie gearbeitet haben.
Im sprachlichen Bereich arbeiten wir mit der Rechtschreibwerkstatt nach Sommer-Stumpenhorst. Deshalb finden Sie in den Arbeitsplänen den Hör-, Schreib- und Sehpass sowie verschiedene Übungen zur Rechtschreibung mit und ohne Modellwortschatz.[11] Zusätzlich haben wir bestimmte Themenhefte entwickelt, die den Schreib- und Leselernprozess der Kinder fördern. Dazu gehören ein Anlautheft sowie ein erstes Schreib- und Leseheft. Diese sind natürlich auch in den entsprechenden Deutscharbeitsplänen aufgeführt.

11 Genauere Erklärungen zu der Arbeit mit der Rechtschreibwerkstatt finden Sie auf der Homepage www.rechtschreib-werkstatt.de

3.4.1 Lautebene

	Lautebene		
Schreiben ABC	Anlautlineal	Hörübungen	Anlautübungen
	Lautübungen	Erste Schreibübungen	Erste kurze Wörter
Lesen			
Rechtschreiben	Laute und Buchstaben richtig zuordnen		
	Übungen zu den Lauten		

Der gelbe Bereich in Deutsch aus dem Jahresarbeitsplan für die 1. Lernstufe.

Im sprachlichen Bereich deckt dieser Teil des Plans die Einführung und Verinnerlichung der einfachen Laut-Buchstaben-Zuordnungen ab. Dazu gehören auch Übungen zur phonologischen Bewusstheit, z.B. das Erkennen von Reimwörtern und das Silbenschwingen. Im Jahresarbeitsplan sind in den Spalten unter der Überschrift „Lautebene" sämtliche Materialien aufgeführt, die in diesen Bereich fallen und die die Kinder in ihrer Freiarbeitszeit durchlaufen können. Es ist nicht zwingend notwendig, dass ein Kind alle Materialien bearbeitet haben muss. Das Kind arbeitet so lange in dem gelben Plan, bis es sich die Lautebene komplett erschlossen hat. Der dazugehörige Arbeitsplan (siehe Abbildung unten) kann von der Lehrkraft beliebig gekürzt oder ergänzt werden und so schnell dem Lernstand des Kindes angepasst werden. Hinweise zu den von uns verwendeten Materialien finden Sie in Kapitel 4.5.

Beherrscht ein Kind zum Schulbeginn schon viele Buchstaben und kann es vielleicht schon Wörter selbstständig auslautieren, überprüfen wir gezielt noch einmal diese Laute. Stellen wir dabei fest, dass es diese Laute sicher hört und die dazugehörigen Buchstaben bewegungsrichtig schreibt, streichen wir die entsprechenden Laute aus dem gelben Arbeitsplan. Auf diese Weise verhindern wir, dass das Kind seine Schreibmotivation verliert. An Stelle von einzelnen Buchstaben bieten wir ihm dann – je nach Entwicklungsstand – Wörter, Sätze und kleine Geschichten an, die es schreiben kann.

Deutsch – Teilarbeitsplan 1 (gelb) **1. Lernstufe**

Startdatum: ____________ Zieldatum: ____________ Name: ______________________

ABC **Lautebene**

	L	E	O	S	I	A	M	T	K	N	W	D	U	Ei	P	F	R	Au	G	B	H	Z
	☺	☺	☺	☺	☺	☺	☺	☺	☺	☺	☺	☺	☺	☺	☺	☺	☺	☺	☺	☺	☺	☺
	☺	☺	☺	☺	☺	☺	☺	☺	☺	☺	☺	☺	☺		☺	☺	☺		☺	☺	☺	☺
	☺	☺	☺	☺	☺	☺	☺	☺	☺	☺	☺	☺	☺		☺	☺	☺		☺	☺	☺	☺
Tinto	☺	☺	☺	☺	☺	☺	☺	☺	☺	☺	☺	☺	☺	☺	☺	☺	☺	☺	☺	☺	☺	☺

Anlautheft

1	2	3
4	5	9
10	13	14

ABC

Der gelbe Teilarbeitsplan Deutsch für die 1. Lernstufe.

Wenn ein Kind Inhalte und Fertigkeiten schon sicher beherrscht, streichen wir ggf. Elemente aus dem Teilarbeitsplan.

3.4.2 Wortebene

In diesem Lernbereich geht es um die Wortebene. Das bedeutet, die Erstklässler erlesen und schreiben bereits selbstständig Wörter, ohne dass ihnen vorlautiert werden muss. Bei den Lesedosen und Phonogrammdosen handelt es sich um Montessori-Material: Die Dosen enthalten – geordnet nach Silbenanzahl – Bildkarten und Wortkarten. Die Wortkarten werden den dafür vorgesehenen Feldern auf den Bildkarten zugeordnet. Die Lesedosen enthalten lautgetreue Wörter, die Phonogrammdosen Wörter mit Lauten, die durch Buchstabenkombinationen verschriftlicht werden („Phonogramme").

<table>
<tr><td rowspan="3">Schreiben ABC</td><td colspan="12">Wortebene</td></tr>
<tr><td colspan="4">Schreib-übungen zu einfachen Wörtern</td><td colspan="4">Weitere Hör- und Schreib-übungen</td><td colspan="4">Erstes Schreib-heft</td></tr>
<tr><td colspan="8">Übungen zum Wortdurchgliedern</td><td colspan="4">Stempel-kasten</td></tr>
<tr><td rowspan="3">Lesen</td><td colspan="12">Erste Wörter</td></tr>
<tr><td colspan="12">Erstes Lesen einfacher, lautgetreuer Wörter</td></tr>
<tr><td colspan="6">Lese- und Phonogrammdosen</td><td colspan="6">Lesekartei</td></tr>
<tr><td rowspan="3">Recht-schreiben</td><td colspan="12">Lautgetreues Schreiben</td></tr>
<tr><td rowspan="2" colspan="2"></td><td colspan="2">ch</td><td colspan="2">-ng</td><td colspan="2">-er</td><td colspan="2">-ß</td><td colspan="2">-tz</td></tr>
<tr><td colspan="2">sch</td><td colspan="3">pf</td><td colspan="3">-el</td><td colspan="2">qu</td></tr>
</table>

Der orangefarbene Bereich in Deutsch aus dem Jahresarbeitsplan für die 1. Lernstufe.

Die Lesekartei gehört zu den Materialien der Rechtschreibwerkstatt. Auf Karteikarten finden die Kinder einfache Lese-Mal-Aufträge, die sie auf einem separaten Papier oder in einem Heft umsetzen. Der Lesepass ist ebenso Teil der Rechtschreibwerkstatt. Er dient der Dokumentation der unterschiedlichen bearbeiteten Leseaufgaben über einen längeren Zeitraum. Daher taucht er auch in mehreren Teilarbeitsplänen auf.
Außerdem erarbeiten die Kinder sich folgende schwierige Laute und Lautfolgen: ch, -ng, -er, -ß, -tz, sch, pf, -el, qu.

Deutsch – Teilarbeitsplan 2 (orange) **1. Lernstufe**

Startdatum: ________ Zieldatum: ________ Name: ______________

Lautebene

	Sch	V	J	Qu	X	Y	C	Eu	ß	Ä	Ö	Ü	Ch	Sp	St	Pf	ng
	☺		☺					☺									
		☺	☺	☺	☺	☺	☺		☺								
		☺	☺	☺	☺	☺	☺		☺								
Tinto	☺	☺	☺	☺	☺	☺	☺	☺	☺	☺	☺	☺	☺	☺	☺	☺	☺

Heft: schwierige Laute

Wortebene

1. Schreibheft

Weiteres Material

Lesepass, 1. Teil

1. Leseheft

Weiteres Material

6	7	8	9	11a	11b	12	15	16

Der orangefarbene Teilarbeitsplan Deutsch für die 1. Lernstufe.

3.4.3 Satzebene

<table>
<tr><td rowspan="3">Schreiben</td><td colspan="4">Satzebene</td></tr>
<tr><td>Zu Bildern schreiben</td><td colspan="2">Postkarten schreiben</td><td>Tagebuchseiten gestalten</td></tr>
<tr><td>Satzbauübungen</td><td colspan="2">Schreiben zu Bildausschnitten</td><td>Bildergeschichten</td></tr>
<tr><td rowspan="3">Lesen</td><td colspan="2">Einfache Sätze</td><td colspan="2">Kurze Texte</td></tr>
<tr><td colspan="2">Lesen einfacher Sätze</td><td colspan="2">Lesen einfacher Lesetexte</td></tr>
<tr><td>Leseröllchen</td><td>Klammerkarten</td><td>Weitere Übungen zu Lauten</td><td>Erste Bücher</td></tr>
<tr><td rowspan="2">Rechtschreiben</td><td colspan="4">Abschreibübungen</td></tr>
<tr><td colspan="4">Erarbeitung erster Rechtschreibregeln</td></tr>
</table>

Der rote Bereich in Deutsch aus dem Jahresarbeitsplan für die 1. Lernstufe.

Dieser Lernbereich ist der letzte in der 1. Lernstufe in Deutsch. Die Kinder schreiben und lesen jetzt in Satzstrukturen. Sie verfassen bereits erste eigene Geschichten. Auch das regelmäßige Führen eines Tagebuchs gehört dazu: Die Kinder schreiben regelmäßig montags in ihr Tagebuch Wochenenderlebnisse auf und können das Tagebuch zusätzlich auch in der Freiarbeit nutzen. Darüber hinaus gibt es auch ein Klassentagebuch, in das die Kinder abwechselnd eintragen.

Im Bereich Lesen erweitern sie ihre Lesekompetenz auf der Satzebene. Dazu gehören auch kurze Arbeitsaufträge und einfache Ganzschriften. Neben der Vertiefung der schwierigen Laute aus dem orangefarbenen Plan erarbeiten sich die Kinder Abschreibstrategien auf der Wortebene. Des Weiteren eignen sie sich erste Rechtschreibmuster an. Dazu gehört beispielsweise, die bereits erarbeiteten Wortendungen -er, -el und -en nun selbstständig anzuwenden.
Zusätzlich wird durch verschiedene Aufgaben der Lautkartei von Sommer-Stumpenhorst die Wortdurchgliederungsfähigkeit der Kinder geschult. Aus dem umfangreichen Angebot haben wir die einfacheren Aufgaben, z.B. die Veränderung des Anlautes, herausgegriffen und lassen die Kinder hiermit trainieren. Die anspruchsvolleren Aufgaben sind im gelben und orangefarbenen Teilarbeitsplan der 2. Lernstufe enthalten.

Im roten Bereich Deutsch können die Kinder auf der 1. Lernstufe bereits längere Leseaufträge umsetzen – hier, einen Bauernhof nach Anleitung aufzubauen.

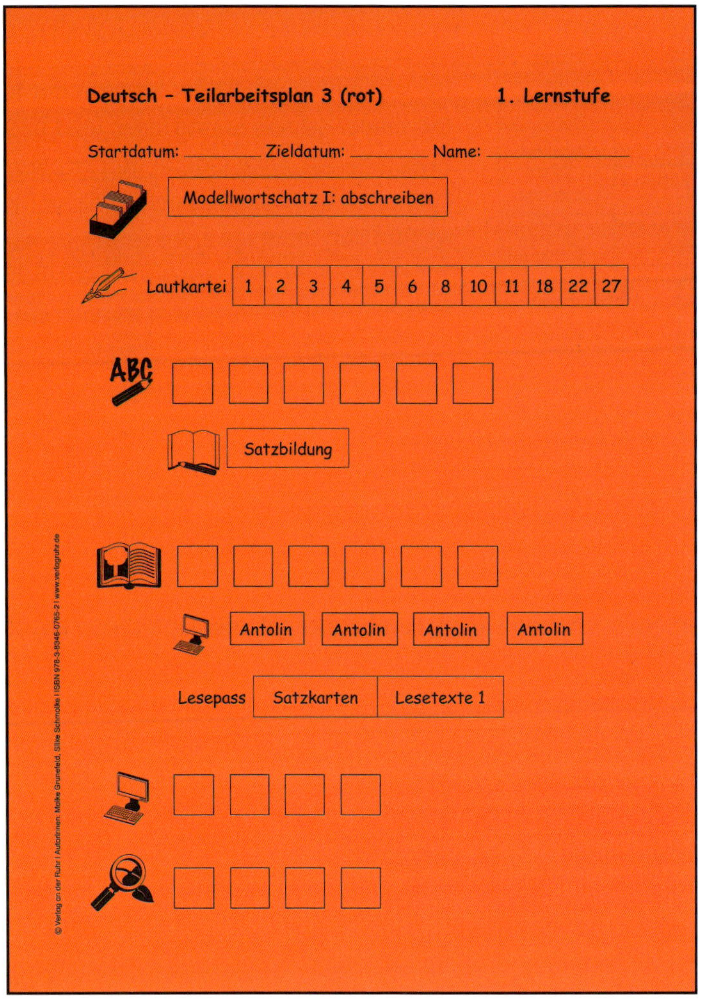

Der rote Teilarbeitsplan Deutsch für die 1. Lernstufe.

Wenn das Kind alle sprachlichen Lernbereiche der 1. Lernstufe durchlaufen hat und die Inhalte sicher beherrscht, kann es mit dem ersten Arbeitsplan Deutsch des zweiten Jahres starten.

3.5 Erklärung zu den Teillernbereichen Mathematik in der 1. Lernstufe

Auch die Teilarbeitspläne in Mathematik haben wir an den **Richtlinien des Landes NRW** ausgerichtet. Zentrale Aufgaben unseres Mathematikunterrichts sind daher:

- individuelles und gemeinsames Lernen anzuregen, zu unterstützen und zu fördern,
- grundlegende Fähigkeiten, Kenntnisse und Fertigkeiten in Inhalt und Form so zu vermitteln, dass sie den individuellen Lernmöglichkeiten und Erfahrungen der Schüler angepasst sind,
- jeden einzelnen Schüler durch differenzierenden Unterricht zu fördern und zu fordern.

Viele mathematische Lerninhalte erwerben sich unsere Kinder durch den handelnden Umgang mit Materialien. Doch zusätzlich benötigen sie natürlich auch schriftliche Aufgabenstellungen, an denen sie mathematische Kompetenzen erwerben und erweitern können. Da wir kein Mathematiklehrwerk gefunden haben, das vom Inhalt und Umfang zu unseren Materialien passt, haben wir zu den jeweiligen Lernbereichen eigene Themenhefte entwickelt, in denen die Kinder möglichst selbstständig arbeiten können. Das erschien uns hilfreich, da durch die unterschiedlichen Lerntempi die Kinder an verschiedenen Themen arbeiten und sie nicht alle zeitgleich eine Einführung in das neue Thema erhalten. Die Themenhefte werden für jedes Kind vervielfältigt und beinhalten immer nur einen mathematischen Schwerpunkt, an dem das Kind arbeiten soll. Ihr Umfang liegt meist zwischen zehn und 20 Seiten. Um sicherzustellen, dass neue Lerninhalte, die sich nicht von alleine erschließen (z.B. Zahlenmauern), verstanden werden, haben wir einen Stopp-Stempel anfertigen lassen. Alle Seiten in den Themenheften, die unserer Auffassung nach einer Einführung durch den Lehrer bedürfen, sind mit diesem Stoppzeichen versehen. Wenn die Kinder an einer solchen Seite arbeiten, kommen sie daher zu uns und lassen sich eine kurze Erläuterung geben.

Nach Beendigung eines solchen Themenheftes schreibt das Kind eine dazugehörige Lernzielkontrolle. Wenn diese zeigt, dass das Kind die vermittelten Lerninhalte beherrscht, kann es im nächsten Themenheft weiterarbeiten. Ergänzend zu den Heften arbeiten die Kinder viel mit handlungsorientierten Materialien, z.B. dem Hunderterbrett, der Hunderterkette, den Goldenen Perlen, dem Markenspiel, mit Waagen, Maßbändern etc. Durch den konkreten Umgang mit den Materialien können sie Gesetzmäßigkeiten und Regeln erkennen und unmittelbare konkrete Erfahrungen sammeln. Sollten Sie in Ihrer Schule mit einem bestimmten Lehrwerk, wie dem Zahlenbuch, arbeiten, können Sie die Lernbereiche dementsprechend anpassen und verändern.

3.5.1 Ziffern und Mengen bis 10

Im mathematischen Bereich erarbeiten sich die Kinder in diesem Lernbereich die richtige Schreibung der Ziffern inklusive deren Mengenbestimmung und darüber hinaus die Zahlzerlegung der Zahlen bis 10. Auch die Relationszeichen werden bereits eingeführt und verinnerlicht.

Mathe	Ziffern und Mengen bis 10			
	Ziffern schreiben (Heft 1)	Mengen bestimmen (Heft 2)	Zerlegung (Heft 3)	Relationen <, >, =
	Strukturierte Mengenbilder	Übungen zu <, >, =	Zahlzerlegung mit Material	

Der gelbe Bereich in Mathematik aus dem Jahresarbeitsplan für die 1. Lernstufe.

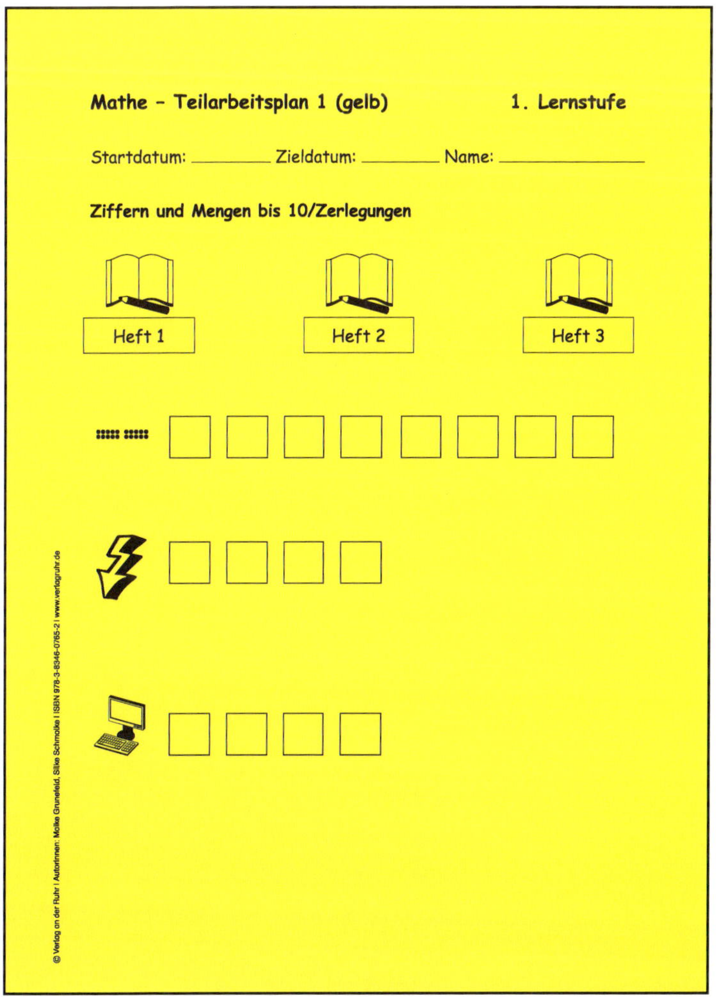

Der gelbe Teilarbeitsplan Mathematik für die 1. Lernstufe.

3.5.2 Addition und Subtraktion bis 10

Mathe	Addition und Subtraktion bis 10	
	Addition (Heft 4)	Subtraktion (Heft 5)
	Rechenjogging 1	

Der orangefarbene Bereich in Mathematik aus dem Jahresarbeitsplan für die 1. Lernstufe.

In diesem Lernbereich begegnen den Kindern erstmalig die Rechenoperationen. In den Themenheften 4 und 5 werden die Kinder mit Hilfe von vielfältigen bildlichen Darstellungen und Rechengeschichten erst an einfache Additionsaufgaben und anschließend an einfache Subtraktionsaufgaben herangeführt. Vielfältiges Material lädt die Kinder dazu ein, die Addition und Subtraktion zu vertiefen.

Im orangefarbenen Teilarbeitsplan taucht erstmals das Rechenjogging auf. Diese kleinen Übungshefte verwenden wir an unserer Schule in allen Klassenstufen zu unterschiedlichen Themen. In erster Linie dienen sie dazu, die Rechenfertigkeiten der Kinder zu trainieren. Durch ihre ansprechende Gestaltung sind sie bei unseren Kindern sehr beliebt.[12]

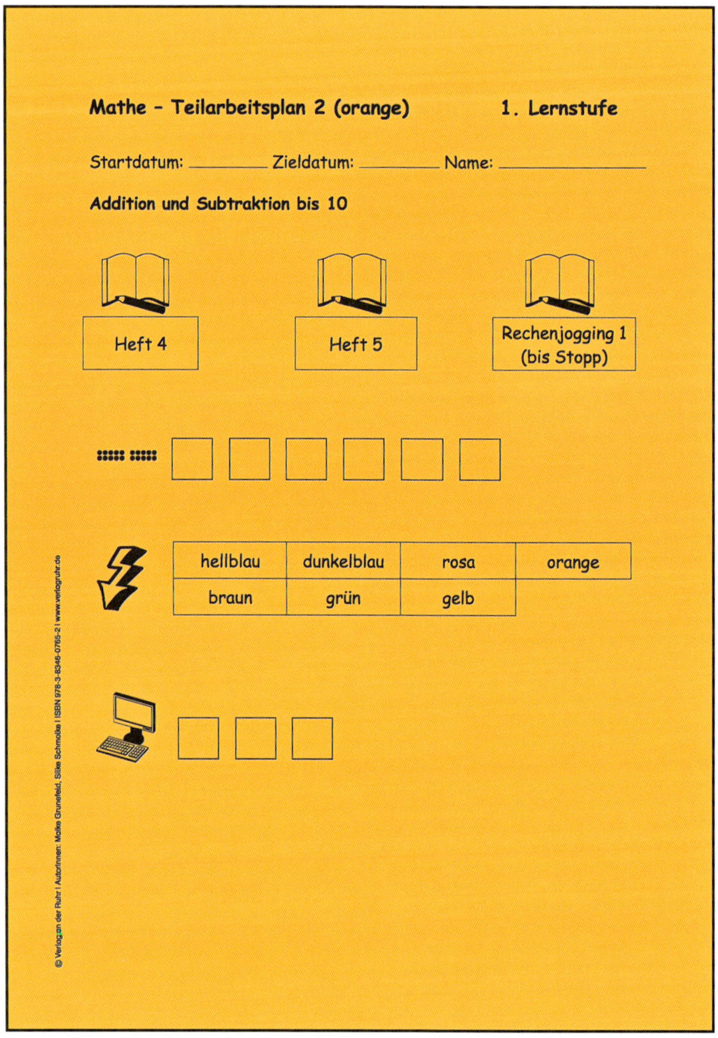
Mathe – Teilarbeitsplan 2 (orange) **1. Lernstufe**

Startdatum: ________ Zieldatum: ________ Name: ______________

Addition und Subtraktion bis 10

Heft 4 | Heft 5 | Rechenjogging 1 (bis Stopp)

hellblau	dunkelblau	rosa	orange
braun	grün	gelb	

Der orangefarbene Teilarbeitsplan Mathematik für die 1. Lernstufe.

12 Die Rechenjogginghefte sind als Kopiervorlage zu beziehen beim Dieck Verlag (vgl. Kapitel 5.5).

3.5.3 Addition und Subtraktion bis 20

Mathe	Addition und Subtraktion bis 20	
	Addition (Heft 6)	Subtraktion (Heft 7)
	Verdoppeln	Rechenpyramiden

Der rote Bereich in Mathematik aus dem Jahresarbeitsplan für die 1. Lernstufe.

Im Mittelpunkt des roten Lernbereichs steht die Zahlenraumerweiterung bis 20. Daher werden in den Themenheften 6 und 7 die Zahlvorstellungen bis 20 gefestigt. Anschließend werden die Additions- und Subtraktionsaufgaben mit Zehnerüberschreitung eingeführt und trainiert. Ein weiterer Schwerpunkt ist das Verdoppeln und Halbieren der Zahlen im Zwanzigerraum. Auch hier stehen vielfältige Materialien zur Verfügung. Somit kann jedes Kind individuell seine Fertigkeiten im Kopfrechnen und Knobeln verbessern.

® www.mathepirat.de

Wenn die Kinder ein wenig weiter fortgeschritten sind, nehmen wir auch die Computerarbeit in die Teilarbeitspläne auf. Die Übungen am Computer werden zum Teil durch unterschiedliche Software im Bereich Mathematik abgedeckt. Eine wesentliche Rolle spielt aber auch die Internetplattform „Mathepirat" (*www.mathepirat.de*), für die wir jährlich eine Schullizenz erwerben. Unsere Schüler nutzen dieses Angebot sowohl in der Schule als auch zu Hause sehr intensiv. Es ist fester Bestandteil unserer Arbeitspläne und wird dort mit dem Piratensymbol gekennzeichnet. Die Schüler können hier Aufgaben aus unterschiedlichen Bereichen und Schwierigkeitsstufen auswählen. Es ist aber auch möglich, dass der Lehrer aus dem Aufgabenpool bestimmte Aufgaben für die Klasse oder einzelne Schüler vorauswählt oder Aufgaben selbst erstellt.

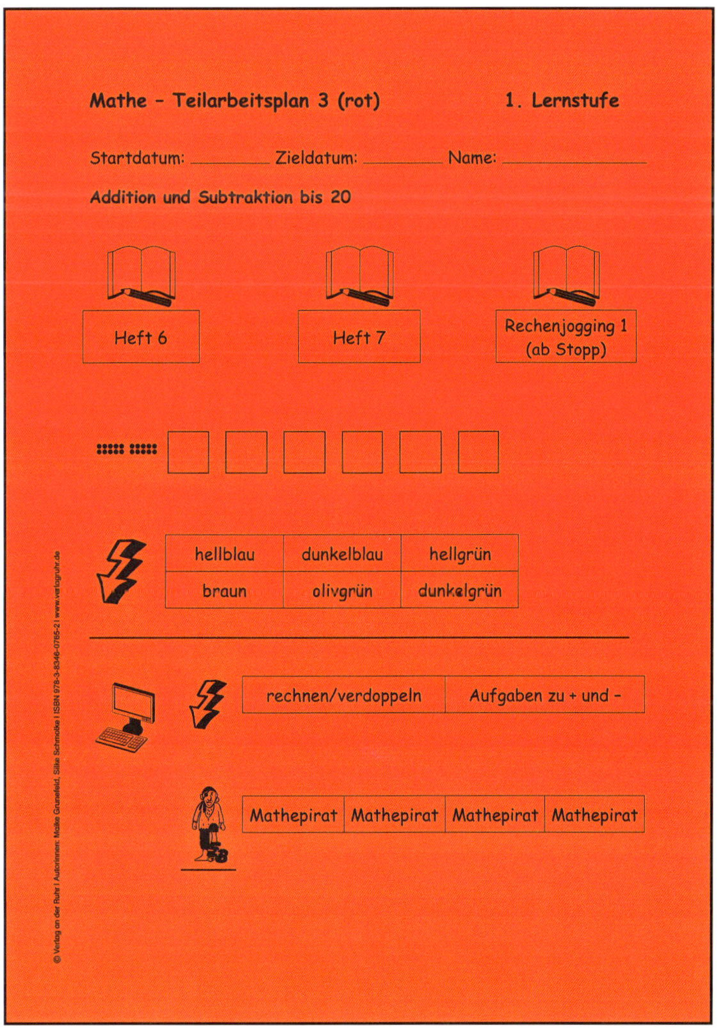

Mathe – Teilarbeitsplan 3 (rot) **1. Lernstufe**

Startdatum: ________ Zieldatum: ________ Name: ______________

Addition und Subtraktion bis 20

Heft 6 | Heft 7 | Rechenjogging 1 (ab Stopp)

hellblau	dunkelblau	hellgrün
braun	olivgrün	dunkelgrün

rechnen/verdoppeln	Aufgaben zu + und –

Mathepirat	Mathepirat	Mathepirat	Mathepirat

Der rote Teilarbeitsplan Mathematik für die 1. Lernstufe.

3.5.4 Geometrie

Mathe	Geometrie
	Heft 8
	Übungen zum Bauen

Der lilafarbene Bereich in Mathematik aus dem Jahresarbeitsplan für die 1. Lernstufe.

In diesem Lernbereich beschäftigen die Kinder sich mit vielfältigen Aufgaben aus dem Bereich der Geometrie. Sie sammeln durch handelnden Umgang Erfahrungen in der Raumorientierung und Raumvorstellung. Die Kinder erhalten reichlich Gelegenheit zum Spiegeln, Bauen und Muster-Ergänzen. Knobelaufgaben aus dem Bereich der Kopfgeometrie erhöhen die geistige Flexibilität der Kinder. Zusätzlich erinnern wir die Kinder in diesem Teilarbeitsplan an eine Aufgabe, die im Jahresarbeitsplan weiß gekennzeichnet ist: die Zahlenrolle (siehe Kapitel 3.5.7). Natürlich kann sie auch zu einem anderen Zeitpunkt im Schuljahr bearbeitet werden. Ihre Auflistung an dieser Stelle ist lediglich als Erinnerungsstütze gedacht, damit die Kinder den weißen Bereich nicht vergessen. Die übrigen weißen Materialien haben wir auf die gleiche Weise in die noch folgenden Teilarbeitspläne aufgenommen. Allerdings haben wir sie so ausgewählt, dass sie rein thematisch auch gut in den jeweiligen Arbeitsplan hineinpassen. Eine genauere Beschreibung einiger dieser Materialien finden Sie in Kapitel 3.5.7.

Das traditionelle Legespiel „Tangram" ist sicherlich weitgehend bekannt. Bei „Architecto" handelt es sich um ein ähnliches Spielprinzip, allerdings sollen aus unterschiedlichen Basisbausteinen dreidimensionale Figuren nach einem Vorlagenheft gebaut werden. Das Vorlagenheft haben wir in zwei Teile geteilt, der zweite Teil wird in der 2. Lernstufe bearbeitet.

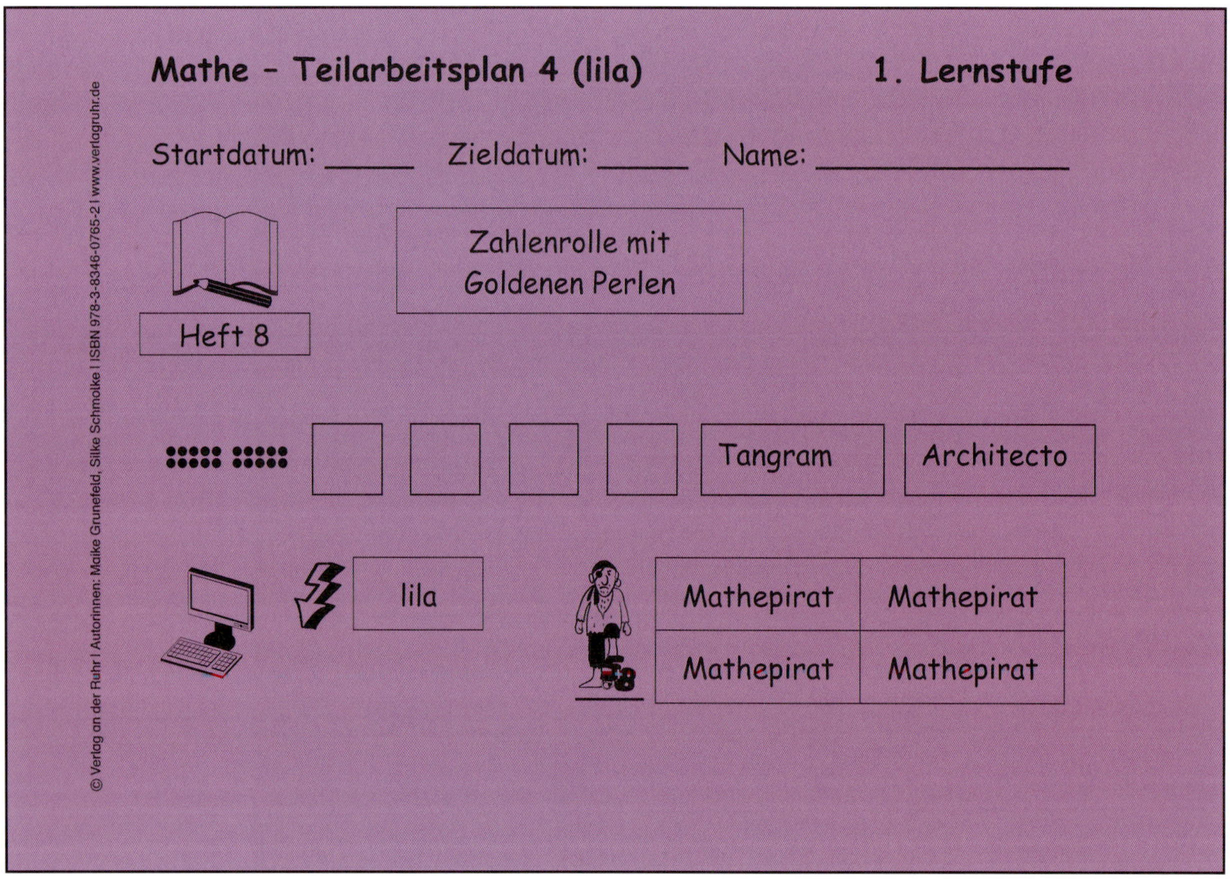

Der lilafarbene Teilarbeitsplan Mathematik für die 1. Lernstufe.

3.5.5 Zahlenmauern und Rechendreiecke

<table>
<tr><td rowspan="3">Mathe
••••• •••••</td><td colspan="2">Zahlenmauern und Rechendreiecke</td></tr>
<tr><td colspan="2">Heft 9</td></tr>
<tr><td>Rechen-
dreiecke</td><td>Zahlenmauern
bis 20</td></tr>
</table>

Der blaue Bereich in Mathematik aus dem Jahresarbeitsplan für die 1. Lernstufe.

Das Themenheft 9 bietet unterschiedliche Aufgabenformate zum Knobeln und Sachrechen an. In der Freiarbeit sind die Übungsformate Zahlenmauern und Rechendreiecke verpflichtend. Denn durch sie vertiefen die Kinder zum einen ihre Fertigkeiten im Addieren und Subtrahieren. Zum anderen stellen sie begründete Vermutungen über Zahlzusammenhänge an, versuchen, durch systematisches und zielorientiertes Probieren vorgegebene mathematische Bedingungen zu erfüllen, und trainieren so ihre mathematische Sachkompetenz. Sowohl zu den Rechendreiecken als auch zu den Zahlenmauern bieten wir den Kindern Aufgabensammlungen an, die ihnen den Umgang mit den Übungsformaten auf unterschiedlichen Niveaustufen erlauben. Zusätzlich regen wir sie bei diesen Aufgabenstellungen zur Partnerarbeit an, damit sich mathematische Gespräche entwickeln können.

Auch im blauen Teilarbeitsplan findet sich wieder ein weißes Material als Gedächtnisstütze, die Goldenen Perlen (vgl. 3.5.7). Ebenso wie die Zahlenrolle kann auch die Kartei zu den Goldenen Perlen zu jedem anderen Zeitpunkt des Schuljahres bearbeitet werden.

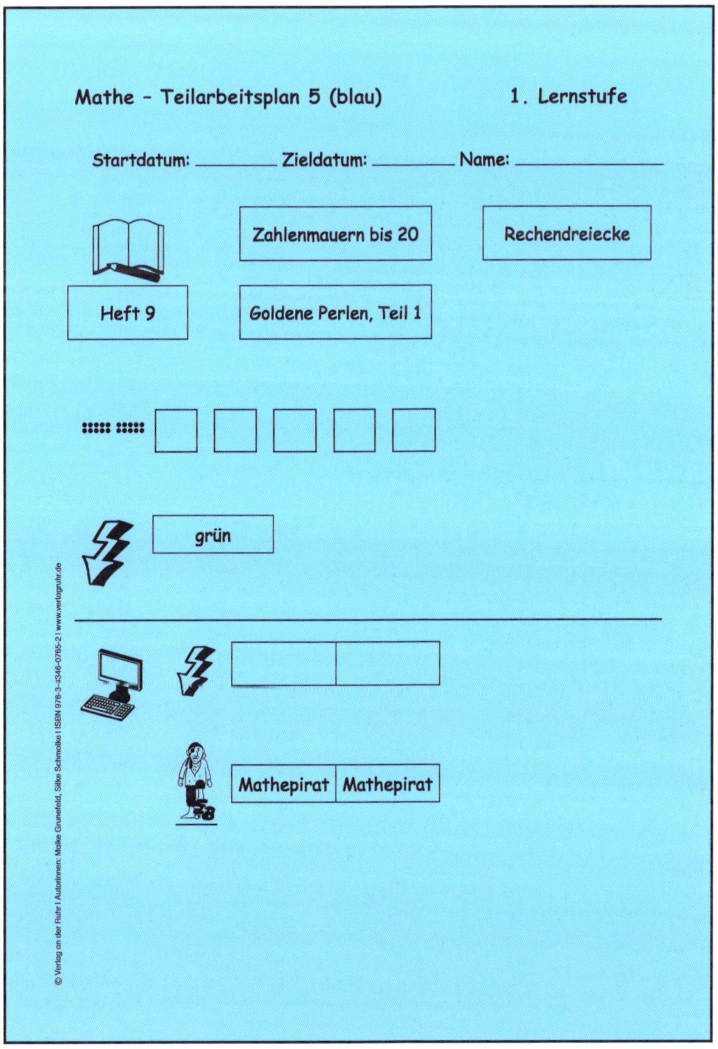

Der blaue Teilarbeitsplan Mathematik für die 1. Lernstufe.

3.5.6 Einspluseinstafel – vertiefende Übungen

Mathe	Einspluseinstafel – vertiefende Übungen				
	Heft 10				
	Einspluseinstafel	Halbieren	Vertiefende Rechenübungen	Rechen-pyramiden	Blitzrechen-übungen

Der grüne Bereich in Mathematik aus dem Jahresarbeitsplan für die 1. Lernstufe.

In diesem Lernbereich geht es hauptsächlich um das automatisierende Rechnen. Die Kinder erarbeiten sich an der Einspluseinstafel Rechenstrategien, z.B. durch Verdopplungs-, Nachbar-, Tausch- und Umkehraufgaben. Durch das Arbeiten mit den Blitzrechenkarten und regelmäßiges Abfragen soll das Kopfrechnen weiter geschult werden. Alle weiteren Übungen dienen der zusätzlichen Vertiefung. Die Kinder verlassen diesen Lernbereich erst, wenn sie gut, schnell und sicher alle Aufgaben der Einspluseinstafel errechnen können. Ergänzend werden in diesem Bereich den Kindern vielfältige Sachaufgaben angeboten, an denen sie ihre Rechenstrategien erproben können.

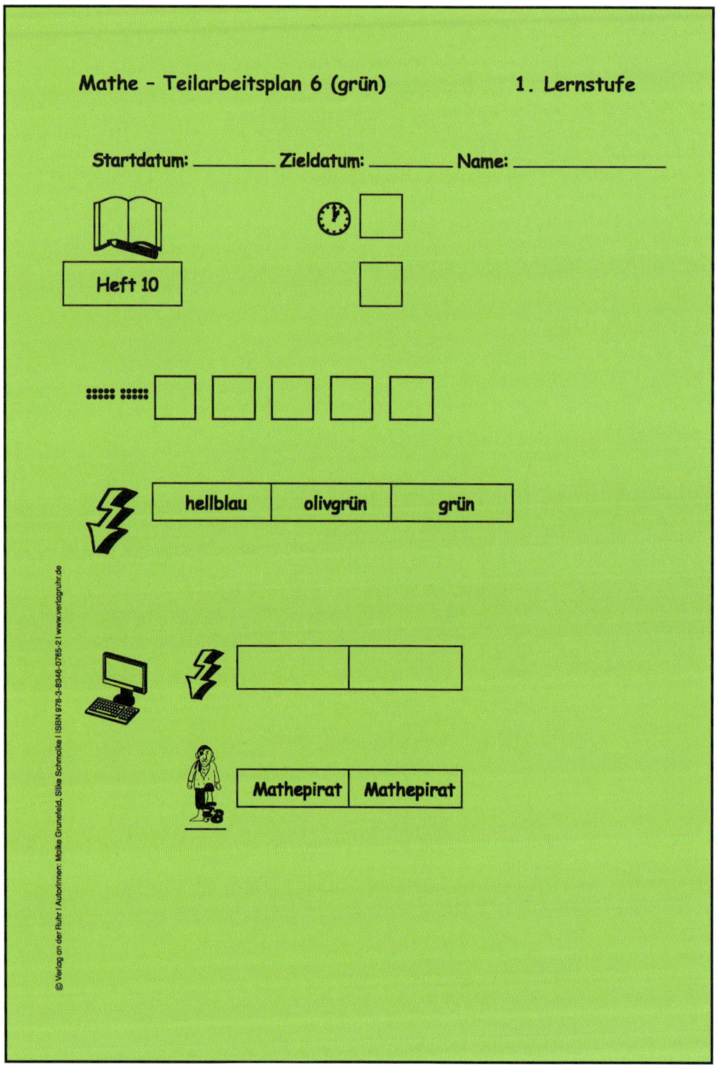

Der grüne Teilarbeitsplan Mathematik für die 1. Lernstufe.

3.5.7 Materialien, die während des ganzen Schuljahres bearbeitet werden können

Weiteres Material	Zahlenrolle bis 100	Goldene Perlen, Teil 1	Rechenübungen am Computer	Uhr, ganze und halbe Stunde

Die weißen Materialien aus dem Jahresarbeitsplan, die über das ganze Jahr bearbeitet werden können.

Diese Materialien können, wie bereits erwähnt, im Verlauf des ganzen Schuljahres zeitlich flexibel bearbeitet werden. Die Kinder malen das jeweilige Material dann in der Farbe an, in der sie zu diesem Zeitpunkt auch im Teilarbeitsplan arbeiten. Im Folgenden möchten wir Ihnen kurz die Zahlenrolle und das Goldene-Perlen-Material aus der Montessori-Pädagogik vorstellen.

Ziel der **Zahlenrolle** ist es, mit Hilfe der Goldenen Perlen von Montessori ein Verständnis für das Dezimalsystem aufzubauen. In den ersten drei Teilarbeitsplänen haben die Kinder die Zahlen bis 20 kennengelernt. Im Anschluss möchten wir ihnen einen Ausflug in die großen Zahlen ermöglichen. Die Zahlenrolle besteht aus langen Papierstreifen mit vier Spalten. In der obersten Zeile stehen die Anfangsbuchstaben der Stellenwerteinheit, also E für Einer, Z für Zehner usw. Zu Beginn legen die Kinder eine Perle in ein kleines Schälchen und notieren die 1 in der Einerspalte. Im nächsten Schritt legen sie eine zweite Perle dazu und notieren die Menge 2 unter der 1. Diesen Vorgang wiederholen sie, bis zehn Einerperlen in der Schale liegen. Diese zehn einzelnen Perlen tauschen sie nun gegen eine Zehnerstange. Dazu notieren sie 1 Zehner und 0 Einer. Im nächsten Schritt legen sie wieder eine Einerperle in das Schälchen und notieren nun 1 Zehnerstange und 1 Einerperle. In jedem weiteren Schritt ergänzen sie immer weiter eine Perle. Sobald sie zehn Perlen haben, tauschen sie sie gegen eine Zehnerstange, und zehn Zehnerstangen werden gegen eine Hunderterplatte getauscht. Da für jede Zahl eine eigene Reihe auf der Kopiervorlage verwendet wird, ist ein einzelner Streifen rasch voll geschrieben. Der nächste Streifen wird dann bündig an den ersten geklebt. Auf diese Weise entsteht ein langer Papierstreifen, den die Kinder zur Aufbewahrung aufrollen.

Durch dieses Material bekommen die Kinder eine Vorstellung vom Dezimalsystem. Sie erkennen, dass nicht nur die Ziffer, sondern auch der Platz, an dem sie steht, von Bedeutung ist. Um den Stellenwert zu betonen, benutzen die Kinder beim Aufschreiben unterschiedliche Farben für jeden Stellenwert. So sind Einer und Tausender grün, Zehner blau und Hunderter rot.

Tipp: Lassen Sie die Kinder eine leere Rolle Toilettenpapier bemalen oder bekleben. Fixieren Sie dann den Anfang der Zahlenrolle mit Klebstoff auf der Toilettenpapierrolle, und wickeln Sie den Papierstreifen um die Rolle. Mit einer Wäscheklammer können Sie das Ende der Zahlenrolle festklemmen.

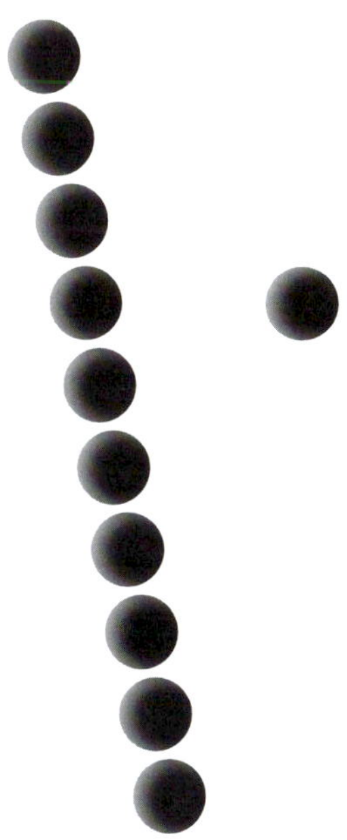

T	H	Z	E
			1
			2
			3
			4
			5
			6
			7
			8
			9
		1	0
		1	1

Nachdem die Kinder durch die Zahlenrolle erste Erfahrungen im Bereich der Zahlen über 20 gesammelt haben, werden diese bei der Bearbeitung des Goldene-Perlen-Materials wieder aufgegriffen. Da hier eine höhere Abstraktionsstufe gefordert wird, ist es wichtig, dass die Kinder zuerst mit der Zahlenrolle und erst dann mit der Kartei zu den **Goldenen Perlen** arbeiten. In diesem ersten Teil geht es um die Darstellung der Zahlen bis 9999 mit Hilfe der Perlen. Die Zahlenformen Einer = Perle, Zehner = Stange, Hunderter = Quadrat und Tausender = Würfel sind den Kindern von der Arbeit mit der Zahlenrolle ebenso bekannt wie die verschiedenen Farben für unterschiedliche Stellenwerte. Bei dieser Arbeit sollen sie die dargestellten Ziffernzahlen durch die richtige Anzahl von Perlen darstellen. Auch die umgekehrte Darstellung kommt zum Einsatz: Eine abgebildete Perlenmenge soll in die Ziffernschreibweise übertragen werden.

Einführung einer Kleingruppe in die Arbeit mit dem Golde-Perlen-Material nach Maria Montessori.

Unserer Erfahrung nach sind beide Materialien gut geeignet, um die Zahl- und Mengenvorstellung der Kinder zu prägen. Des Weiteren finden die Kinder es toll, mit so großen Zahlen umzugehen.

3.6 Jahresarbeitsplan für die 2. Lernstufe

Jahresarbeitsplan 2. Lernstufe

Bereich								
Grammatik /Rechtschreiben	**Satzbildung**	**Lautdurchgliederung**	Arbeitsheft Sprache	**Wortarten: Nomen**	**Erste Anwendung von Rechtschreibregeln**		**Verben**	**Adjektive**
	Partner- und Laufdiktate	Lautgetreue Abschreibtexte		Übungen: Nomen	Lautkartei mit Übungen	Fehlersuchtexte	Übungen: Verben	Übungen: Adjektive
Schreiben	**Schreibschriftlehrgang**	**Füllerschreibübungen**	**Wörterbucharbeit**	**Kurze Texte**		**Gedichte (z.B. Elfchen)**	**Strukturierte Geschichten**	
		Schreibschrifttexte abschreiben		Rätselsätze, Bildausschnitte	Postkarten, Tagebücher	Abschreiben, gestalten, vortragen	Bilder & Wörter, Schreibhandwerker	**Forscherplakate**
Lesen	**Kurze Texte**		**Bücher:**	**Betontes Lesen**		**Sachtexte**		
	Lesetexte 2	Logicals	mind. 15 Stück im Jahr	Ganzschrift	PA lesen	Rollenspieltexte	Sachunterrichtliche Themen	Bastelanleitung
Mathe	**Hunderterraum**			**Addition und Subtraktion bis 100**		**Multiplikation**	**Geometrie**	**Sachrechnen**
	Zehnerbündelung (Heft 1)	Hunderterbrett (Heft 2)	Zahlenstrahl (Heft 3)	Addition (Heft 4)	Subtraktion (Heft 5)	Erster Teil (Heft 6)	Heft 7	Heft 9
	Mengen schätzen/ bündeln	Hunderterbrett, -tafel, -kette, Rechenstrich	Zahlenstrahl	Rechenjogging 2	Rechenpyramide	Zweiter Teil (Heft 8); **Division** Heft 10	Spiegeln	Sachaufgaben
Weiteres Material	Goldene Perlen, Teil 2	Somawürfel	Gemischte Rechenübungen	Blitzrechnen	Körperheft			

Der Jahresarbeitsplan für die 2. Lernstufe.

Im sprachlichen Bereich gibt es in der 2. Lernstufe abermals drei Lernbereiche und im mathematischen sechs. Die Kinder arbeiten also auch im 2. Schuljahr nicht zwingend in Mathe und Deutsch in demselben Farbbereich.

3.7 Erklärung zu den Teillernbereichen Deutsch in der 2. Lernstufe

Auch im Jahresarbeitsplan der 2. Lernstufe ist der Aufbau so, dass der Jahresplan die Lernbereiche exemplarisch abbildet und die Teilarbeitspläne das konkrete Material widerspiegeln.
Im sprachlichen Bereich arbeiten wir, wie bereits erwähnt, mit der Rechtschreibwerkstatt nach Sommer-Stumpenhorst. In der 2. Lernstufe erarbeiten sich die Kinder somit je nach ihrer individuellen Rechtschreibleistung zeitlich differenziert die verschiedenen Rechtschreibfertigkeiten. Den **Rechtschreibbereich** finden Sie in den Teilarbeitsplänen ab der 2. Lernstufe immer im oberen Bereich. In der 1. Lernstufe steht der Bereich Rechtschreiben im Jahresarbeitsplan weiter unten, denn hier steht ja der Einstieg in den Schriftspracherwerb im Mittelpunkt. Die Kinder erarbeiten sich die Laut-Buchstaben-Beziehungen und lernen Rechtschreibregelungen nur selektiert kennen, z.B. die Wortendungen -er und -el. Da dies aber erst im Verlauf oder gegen Ende des 1. Schuljahrs von Belang ist, steht der Bereich Rechtschreiben im 1. Lernjahr eher im Hintergrund.
Auf der 2. Lernstufe liegt nun mehr Gewicht auf dem Rechtschreiben. Da sich die Übungen in der Rechtschreibwerkstatt zu den verschiedenen Rechtschreibphänomenen immer wieder wiederholen, braucht die Lehrkraft nach einem Diagnosediktat nur den entsprechenden Lernbereich in den Teilarbeitsplan einzutragen. Anschließend kann das Kind sich entscheiden, ob es Abschreibübungen, Fehlersuchtexte, Wörterlisten oder Sortierübungen dazu machen möchte.

Im **freien Schreiben** steht den Kindern immer ein Fundus an Schreibanregungen zur Verfügung, da sie in jedem Teilarbeitsplan eigene Geschichten verfassen müssen. Sie können wählen zwischen Bildausschnitten, Bildergeschichten, Fortsetzungsgeschichten, Dosengeschichten und ganz freien Geschichten.
Gezieltes Lesetraining zur Verbesserung der **Lesekompetenz** findet in allen Teilbereichen statt, beginnend mit kurzen Logicals und mit der Weiterarbeit am Lesepass bis hin zu Ganzschriften, Rollenspieltexten und altersgemäßen Sachtexten. Das sinnentnehmende Lesen wird auch durch die Internetplattform *Antolin* gefördert. Hier müssen die Kinder im Laufe des Schuljahres mindestens 15 Bücher lesen und Fragen dazu beantworten. Einige Kinder haben zu Hause nicht die Gelegenheit, Bücher zu lesen. Damit auch sie dieses Ziel erreichen können, unterstützen uns Eltern, die einmal wöchentlich kommen und mit einer Kleingruppe zusammen Ganzschriften lesen. Diese können später dann bei *Antolin* am Schulcomputer eingegeben werden. Zu diesem Zweck haben wir eine Reihe von Erstlesebüchern in 6-facher Ausfertigung angeschafft, sodass fünf Kinder und der betreuende Elternteil jeweils ein eigenes Buch zur Verfügung haben. Die Bereiche Partnerlesen und Rollenspieltexte schulen das betonte Vorlesen und Vortragen, das nun auch immer mehr gefordert wird.

3.7.1 Der gelbe Bereich

Grammatik /Rechtschreiben	**Satzbildung**	**Lautdurchgliederung**	Arbeitsheft Sprache
	Partner- und Laufdiktate	Lautgetreue Abschreibtexte	
Schreiben	**Schreibschriftlehrgang**		

Der gelbe Bereich in Deutsch aus dem Jahresarbeitsplan für die 2. Lernstufe.

In diesem Teilbereich erarbeiten sich die Kinder die **vereinfachte Ausgangsschrift**. Der Schreibschriftlehrgang ist das erste Material aus dem gelben Teilarbeitsplan des 2. Lernjahrs, das wir von den Kindern bearbeiten lassen. Viele Zweitklässler haben mit der Bearbeitung des Lehrgangs schon im 1. Jahr begonnen und führen ihn nun zu Ende. Ein weiterer Schwerpunkt dieses Teilarbeitsplans ist das Festigen von Satzstrukturen. Mit Hilfe vielfältiger Materialien und Übungen soll das Gefühl für Satzstrukturen vertieft werden. Kinder, die schon sehr sicher im Bilden von Sätzen und in der Punktsetzung sind, können diesen Bereich natürlich verkürzen bzw. auslassen. In diesem Teilarbeitsplan wird die Wortart Nomen, die den meisten Kindern schon aus dem 1. Schuljahr bekannt ist, nochmals aufgegriffen und thematisiert. Die Kinder sollten nun zunehmend besser in der Lage sein, Nomen zu erkennen und Einzahl und Mehrzahl dazu zu bilden. Der „Wortartentrainer Nomen" vom Sauros Verlag übt die Arbeit mit den Nomen auf anschauliche Weise.
Im Bereich **Rechtschreiben** erweitern die Kinder ihre Abschreibstrategien von der Wortebene auf die Satzebene. Im roten Teilarbeitsplan der 1. Lernstufe trainierten sie das richtige Abschreiben einzelner Wörter, nun üben die kurzen Abschreibtexte das Speichern und Aufschreiben mehrerer Wörter. Auch die in der 1. Lernstufe begonnene Arbeit mit der Lautkartei wird fortgesetzt. Der Schwierigkeitsgrad ist ansteigend, so werden nun auch Innenlaute weggelassen und verändert.
Wie in jedem Teilarbeitsplan der 2. Lernstufe werden die Kinder angeregt, **eigene Texte** zu verfassen. Dabei sollen sie erste Schreibkriterien, wie das Finden einer passenden Überschrift, berücksichtigen. In den Vorstellungs- und Reflexionskreisen sollten sie Gelegenheit haben, die verfassten Texte ihren Mitschülern vorzustellen. Durch geschickte Gesprächsführung können Sie hier die Schreibkriterien mit einfließen lassen. Unserer Erfahrung nach greifen die Kinder die Schreibtipps auf, sodass sie schnell zu ihrem Repertoire gehören.
Der Bereich **Lesen** ist im gelben Jahresarbeitsplan nicht extra aufgeführt, dennoch sollen die Kinder natürlich Texte lesen, und der Teilarbeitsplan weist auch Felder für Leseaufgaben aus. Wir verfahren hier praktisch meist so, dass die Kinder in der 2. Lern-

stufe zu Beginn des Schuljahres noch ihren Lesepass aus der 1. Lernstufe beenden. Da zu Beginn des Schuljahres die Kinder auf der 1. und 2. Lernstufe noch sehr große Diskrepanzen im Lesen aufweisen, ist es schwer möglich, gemeinsame Leseaufgaben für beide Gruppen anzubieten. Daher beschäftigen sich die Kinder der 2. Lernstufe viel mit Sachtexten, die sie z.B. im Rahmen von eigenen Forscheraufgaben lesen.

Als **Hausaufgabe** im Fach Deutsch bekommen die Kinder anfangs täglich eine Seite im Schreibschriftlehrgang auf. Auf diese Weise erarbeiten sich die Kinder die Schreibschrift selbstständig im häuslichen Bereich. Schwierige Buchstaben werden von uns, bevor der Schreibschriftlehrgang den Kindern ausgehändigt wird, wieder mit dem Stopp-Stempel gekennzeichnet, sodass die Kinder wissen, dass sie vor der Bearbeitung dieser Seite zu uns kommen. Zusätzlich geben wir den Eltern auf einem Elternabend eine kurze Einführung in den Schreibschriftlehrgang, sodass auch sie auf die richtige Schreibweise der Buchstaben achten. Da viele Kinder bereits in der 1. Lernstufe mit der Schreibschrift beginnen, sind sie meist kurz nach den Herbstferien, spätestens bis zu den Weihnachtsferien mit dem Schreibschriftlehrgang fertig.

Obwohl wir natürlich wissen, dass der Schreibschriftlehrgang und das nachfolgende Arbeitsheft weit in die anderen Farbbereiche hineinragen, haben wir sie im gelben Plan angesiedelt, da die Kinder sie im gelben Plan meist schon bearbeiten oder – wie meist im Falle des Schreibschriftlehrgangs – abschließen.

Im Anschluss an den Schreibschriftlehrgang erhalten die Kinder für die Hausaufgaben ein Deutsch-Arbeitsheft eines Schulbuchverlags, in dem die Rechtschreibbereiche und der Grammatikstoff des 2. Schuljahres behandelt werden. Mit diesem Heft trainieren und festigen die Kinder dann den zuvor in der Schule erlernten Stoff. Für welches Arbeitsheft Sie sich entscheiden, hängt sicherlich davon ab, in welchem Bundesland Sie arbeiten und welches Sie am meisten anspricht.

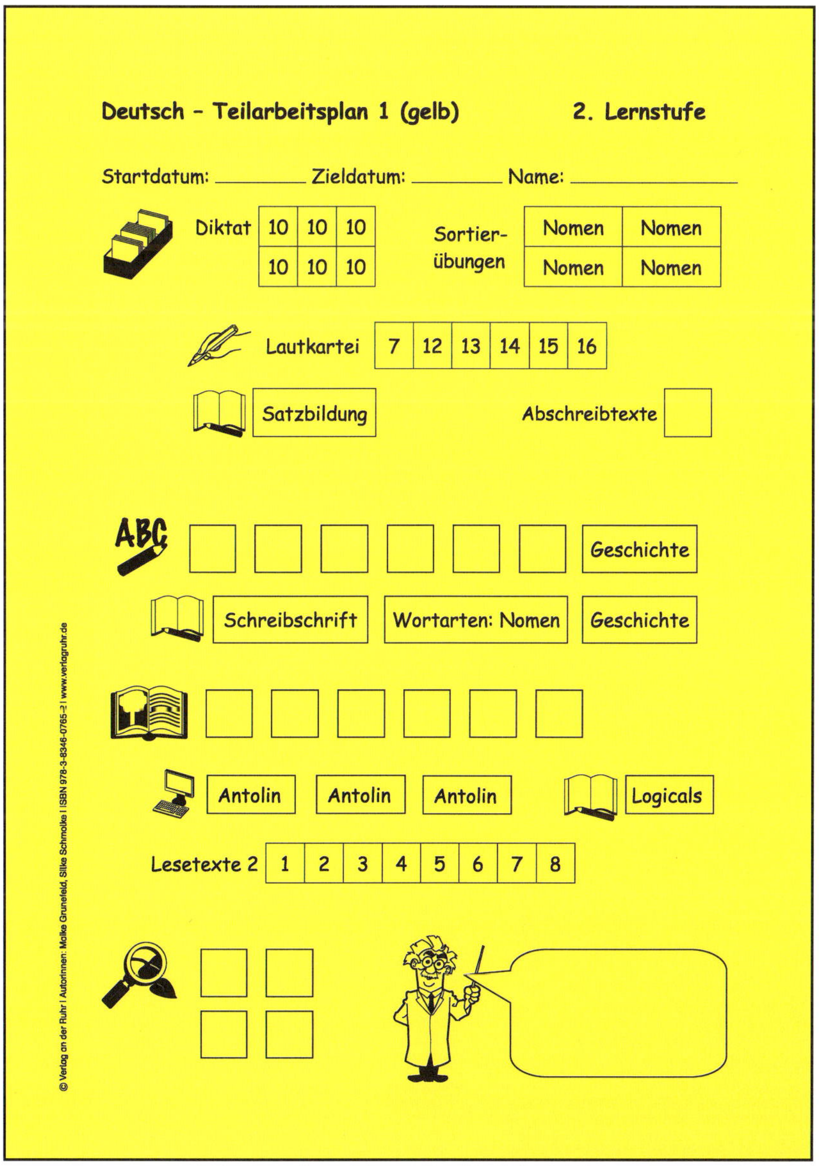
Deutsch – Teilarbeitsplan 1 (gelb) **2. Lernstufe**

Startdatum: ________ Zieldatum: ________ Name: ____________

Diktat | 10 | 10 | 10 | 10 | 10 | 10

Sortierübungen | Nomen | Nomen | Nomen | Nomen

Lautkartei | 7 | 12 | 13 | 14 | 15 | 16

Satzbildung

Abschreibtexte

Geschichte

Schreibschrift | Wortarten: Nomen | Geschichte

Antolin | Antolin | Antolin

Logicals

Lesetexte 2 | 1 | 2 | 3 | 4 | 5 | 6 | 7 | 8

Der gelbe Teilarbeitsplan Deutsch für die 2. Lernstufe.

3.7.2 Der orangefarbene Bereich

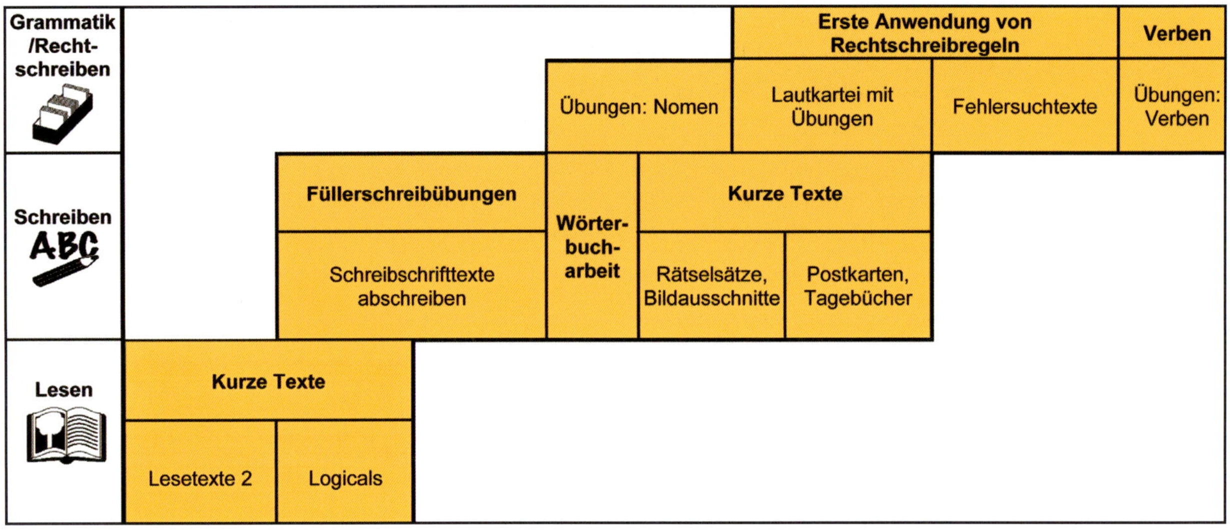

Der orangefarbene Bereich in Deutsch aus dem Jahresarbeitsplan für die 2. Lernstufe.

In diesem Teilarbeitsplan erarbeiten sich die Kinder den Umgang mit dem **Wörterbuch**. Obwohl dieser Bereich häufig am Anfang des Schuljahres steht, haben wir uns bewusst dafür entschieden, ihn erst im orangefarbenen Teilarbeitsplan anzusiedeln, da die zu absolvierenden Übungen zum Teil sehr anspruchsvoll sind. Anfangs verinnerlichen die Kinder das ABC durch Reime und Verse. Anschließend bekommen sie einfache Übungen, in denen Buchstaben und Wörter nach dem ABC sortiert werden. Abschließend arbeiten sie konkret mit dem Wörterbuch: Sie suchen und finden Wörter darin, sortieren sie nach dem ersten, zweiten und dritten Buchstaben und versuchen, das Wörterbuch erstmalig als Rechtschreibhilfe zu nutzen.

Nachdem die Kinder während der Arbeit am roten Plan des 1. Lernjahres den **Modellwortschatz** (MWS) abgeschrieben haben, diktieren sie sich nun in der 2. Lernstufe die Wörter gegenseitig. Dabei nimmt ein Kind die Rolle des Lehrers ein, diktiert das Wort und überwacht das richtige Aufschreiben des Wortes. Entdeckt der „Lehrer" einen Fehler, so sagt er „Stopp", und das schreibende Kind versucht, den Fehler zuerst alleine zu finden. Gelingt ihm das nicht, hilft das Lehrer-Kind ihm dabei. Wenn jedes der beiden Kinder auf diese Weise zehn Wörter in sein Heft geschrieben hat, dürfen beide Kinder ein Kästchen mit der Beschriftung „Diktat 10" anmalen. Das Diktieren beginnt bereits im gelben Plan, wird hier aber fortgesetzt.

Sortierübungen helfen beim sicheren Erkennen der Wortarten.

Des Weiteren sollen die Kinder die in diesem Lernbereich bereits begonnene Arbeit an der Groß- und Kleinschreibung fortsetzen und weitere Sicherheit in der Erkennung der Wortart Nomen erlangen. Dies trainieren wir, indem die Kinder aus ihrem Modellwortschatz die Nomen heraussuchen. Für diese Übung gibt es eine Nomensortiertafel, auf die die Kinder die aussortierten Karten mit den Nomen legen. Anschließend schreiben sie die gefundenen Nomen mit Artikel in der Einzahl und Mehrzahl in ihr Heft. Haben sie zehn Nomen auf diese Weise aufgeschrieben, dürfen sie ein Kästchen mit dem Text „Nomen" anmalen.

Als neue Wortart werden die Verben (V) und ihre Konjugation eingeführt. Dabei beschränken wir uns neben dem Infinitiv meist auf die ich-, du- und er-Form.
In den **freien Geschichten** werden die Schreibkriterien weiter trainiert. Wenn die Schüler die Schreibschrift erlernt haben, machen sie im Anschluss einen Füllerpass, um den Füller danach frei benutzen zu dürfen.

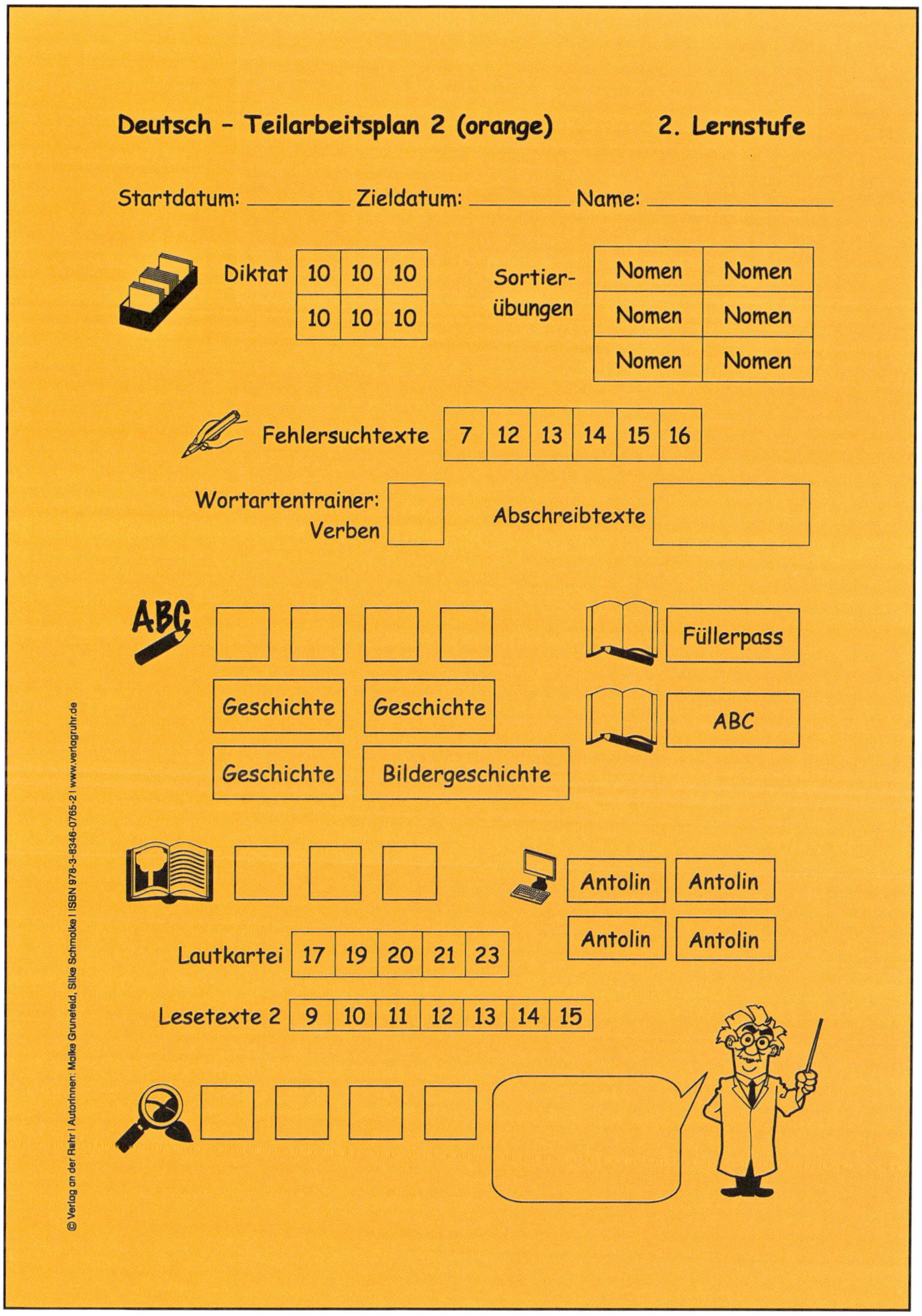

Deutsch – Teilarbeitsplan 2 (orange) 2. Lernstufe

Startdatum: ________ Zieldatum: ________ Name: ______________

Diktat

10	10	10
10	10	10

Sortierübungen

Nomen	Nomen
Nomen	Nomen
Nomen	Nomen

Fehlersuchtexte

7	12	13	14	15	16

Wortartentrainer: Verben

Abschreibtexte

Füllerpass

ABC

Geschichte | Geschichte | Geschichte | Bildergeschichte

Antolin | Antolin | Antolin | Antolin

Lautkartei

17	19	20	21	23

Lesetexte 2

9	10	11	12	13	14	15

Der orangefarbene Teilarbeitsplan Deutsch für die 2. Lernstufe.

3.7.3 Forscherplakate, Gedichte und Geschichten

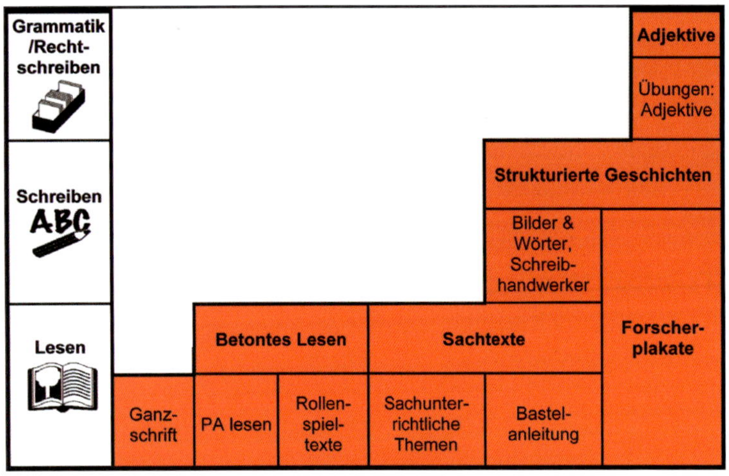

Der rote Bereich in Deutsch aus dem Jahresarbeitsplan für die 2. Lernstufe.

Da der rote Bereich der letzte Lernbereich ist, wird hier erwartet, dass die Kinder die erlernten **Schreibkriterien** sinnvoll anwenden. Wenn die Kinder sich in diesem Bereich befinden, legen wir Wert auf eine Überschrift, die zur Geschichte passt, das ausführliche und verständliche Erzählen, abwechslungsreiche Satzanfänge, das Setzen von Punkten sowie die Verwendung interessanter Adjektive und der wörtlichen Rede. Bei der wörtlichen Rede steht für uns nicht die korrekte formale Verwendung im Vordergrund, sondern dass die handelnden Personen miteinander ins Gespräch kommen. Viele Kinder sind aber am Ende des 2. Schuljahres durchaus in der Lage, die vorangestellte wörtliche Rede korrekt zu verwenden.

Im Bereich **Lesen** werden das sinnentnehmende und betonte Lesen weiter trainiert. Dafür werden Sachtexte, Rollenspieltexte, Bastelanleitungen usw. bearbeitet. Eigene Geschichten sollen, nachdem sie geübt wurden, betont und sicher vorgelesen werden. Obwohl fast alle Kinder bereits im 1. Schuljahr eigene Forscherplakate erstellt haben, werden diese erst im 2. Schuljahr für alle verpflichtend. Dabei sollen sich die Kinder ein eigenes sachunterrichtliches Thema suchen, Sachtexte dazu lesen und die wichtigsten Informationen in eigenen Worten schriftlich wiedergeben. Die Forscherplakate gehen in der Anforderung über die anderen Bereiche hinaus. Sie stellen aber keinen eigenen Bereich mit einem Teilarbeitsplan dar. Die fertigen Forscherplakate werden dann der Klassengemeinschaft vorgestellt.

Ab der 2. Lernstufe erarbeiten die Kinder ein selbst gewähltes Sachthema und erstellen dazu ein Forscherplakat.

Die **Rechtschreibziele** des 2. Schuljahres sollten nun erreicht und ausreichend gefestigt sein. Als letzte Wortart in der 2. Lernstufe werden im roten Teilarbeitsplan die Adjektive (A) und ihre Steigerungsformen trainiert, sodass die Kinder die drei Wortarten Nomen, Verb und Adjektiv nun sicher erkennen und unterscheiden können sollten. Nachdem sie in den letzten beiden Plänen bereits Sortierübungen mit dem Modellwortschatz 1 durchgeführt haben, ordnen sie nun die Wörter aus dem aufbauenden Modellwortschatz 2.

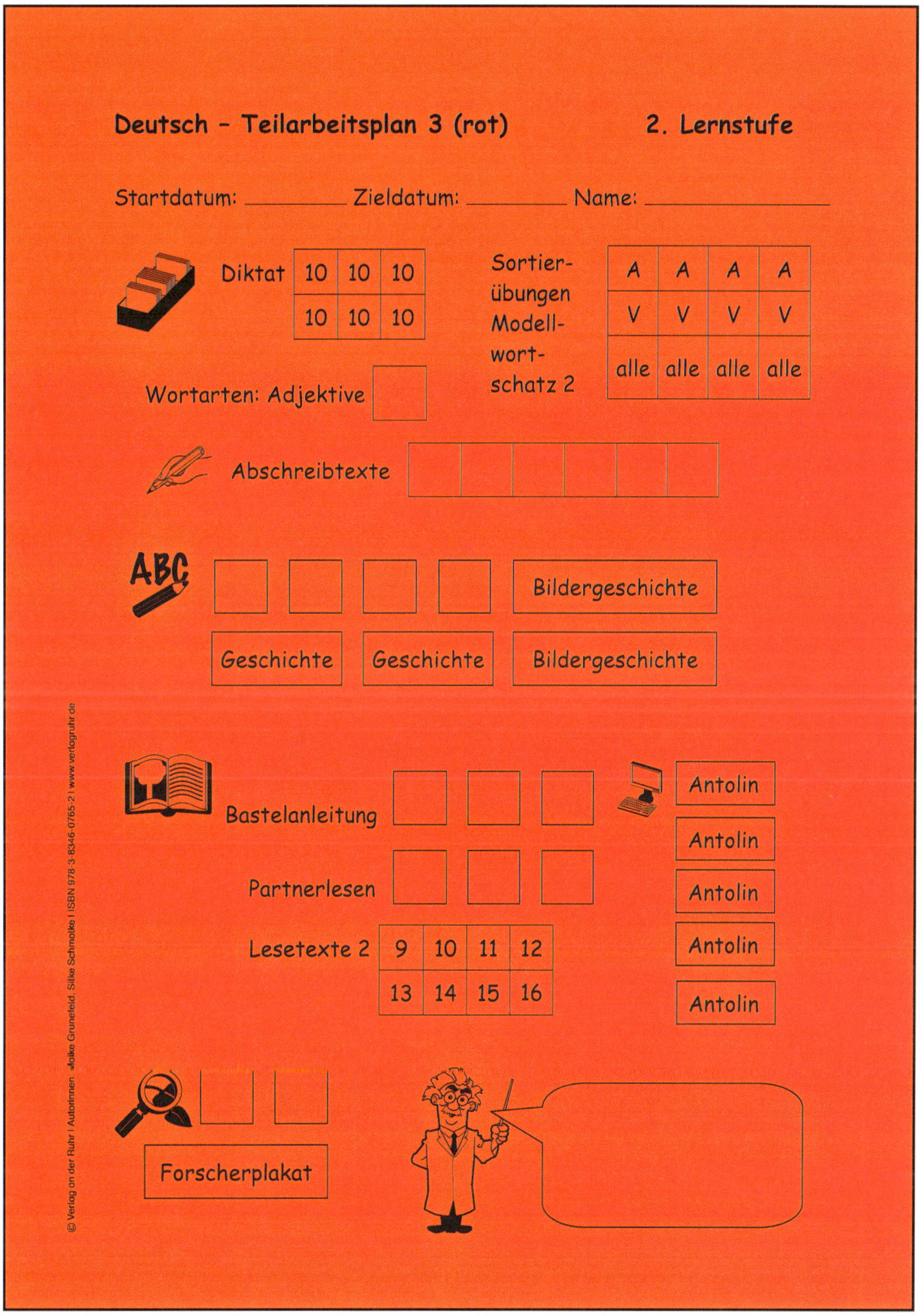

Der rote Teilarbeitsplan Deutsch für die 2. Lernstufe.

3.8 Erklärung zu den Teillernbereichen Mathematik in der 2. Lernstufe

Den Lernstoff der 2. Lernstufe in Mathematik haben wir wieder in sechs Teillernbereiche eingeteilt. Zu jedem Lernbereich gibt es ebenso wie in der 1. Lernstufe die jeweiligen Themenhefte mit den dazugehörigen Lernzielkontrollen.

3.8.1 Einführung in den Hunderterraum

Mathe	Hunderterraum		
	Zehnerbündelung (Heft 1)	Hunderterbrett (Heft 2)	Zahlenstrahl (Heft 3)
	Mengen schätzen/bündeln	Hunderterbrett, -tafel, -kette, Rechenstrich	Zahlenstrahl

Der gelbe Bereich in Mathematik aus dem Jahresarbeitsplan für die 2. Lernstufe.

In diesem Bereich erschließen sich die Kinder den Hunderterraum. Hierbei ist uns wichtig, dass die Kinder ausreichend Gelegenheit haben, die Mengen mit verschiedenen Materialien (z.B. Perlen, Murmeln, Nudeln, Muscheln, Kastanien) zu schätzen, zu legen, zu bündeln und geordnet zu zählen. Außerdem lernen sie das Hunderterbrett und seine Struktur kennen. Hierzu gibt es vielfältige Aufgabenstellungen, die den Kindern den Aufbau des Hunderterbretts verdeutlichen. Darüber hinaus arbeiten sie auch mit dem Zahlenstrahl. An ihm bestimmen die Kinder mit Hilfe von Plättchen Vorgänger, Nachfolger, Nachbarzehner und die Abstände zwischen den Zahlen. Erst wenn die Kinder mit all diesen Übungen vertraut sind, können sie in den nächsten Teillernbereich wechseln.

Im Gegensatz zu den Teilarbeitsplänen der 1. Lernstufe gibt es bei denen der 2. Lernstufe bei den Blitzrechenaufgaben eine Veränderung. Die zu bearbeitenden Farben der Blitzrechenkarten werden nicht mehr explizit vorgegeben, sondern die Kinder können sich aus den vorhandenen Karten vier Übungsformen (= Farben) auswählen. Diese Änderung wurde erforderlich, weil in der 2. Lernstufe in einigen Bereichen so viele Karteikarten zum automatisierenden Rechnen vorhanden sind, dass die Kinder nicht mehr alle bearbeiten können. Da die verschiedenen Karten, die in unseren Klassen im Einsatz sind, aber vielfältige Übungen auf unterschiedlichen Niveaustufen und mit unterschiedlicher Zielsetzung anbieten, wollten wir auch keine Vorauswahl treffen, sondern die Kinder selbst entscheiden lassen. Natürlich legen wir manchmal bestimmte Farben fest, wenn wir bei einer Diagnose oder einem themengebundenen Test noch Übungsbedarf feststellen. Die Kinder notieren in der Tabelle die ausgewählte Farbe beim Blitzrechenzeichen und malen das Kästchen nach Beendigung der Arbeit bunt an.

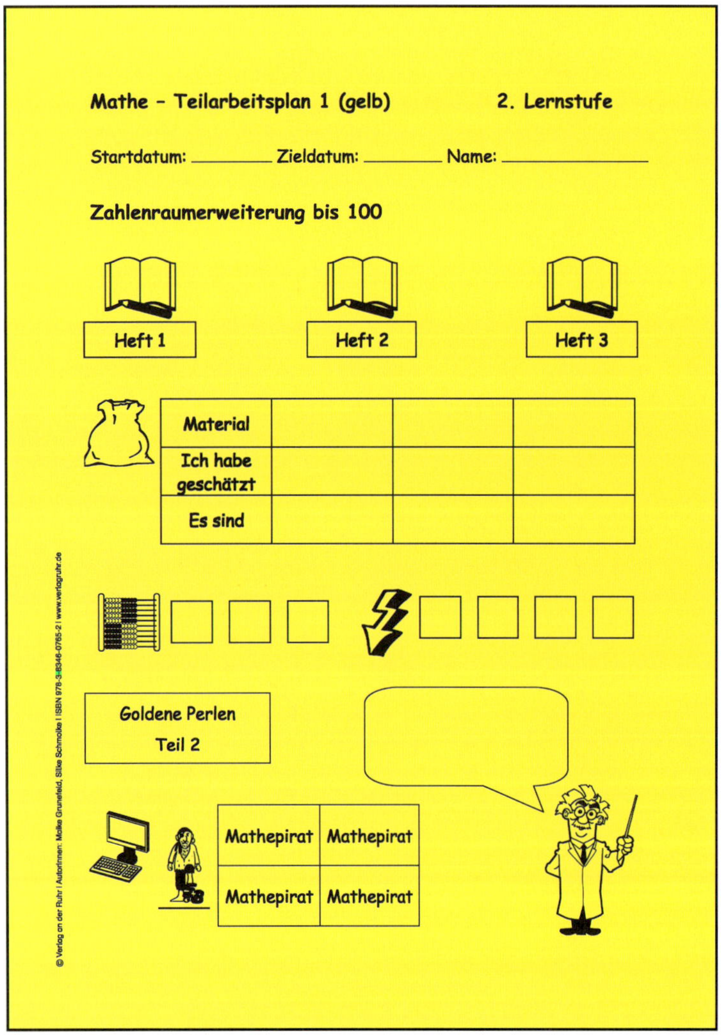
Mathe – Teilarbeitsplan 1 (gelb) 2. Lernstufe

Startdatum: ________ Zieldatum: ________ Name: ____________

Zahlenraumerweiterung bis 100

Heft 1 | Heft 2 | Heft 3

Material			
Ich habe geschätzt			
Es sind			

Goldene Perlen Teil 2

Mathepirat	Mathepirat
Mathepirat	Mathepirat

Der gelbe Teilarbeitsplan Mathematik für die 2. Lernstufe.

3.8.2 Addition und Subtraktion bis 100

Mathe	Addition und Subtraktion bis 100	
	Addition (Heft 4)	Subtraktion (Heft 5)
	Rechenjogging 2	Rechen-pyramide

Der orangefarbene Bereich in Mathematik aus dem Jahresarbeitsplan für die 2. Lernstufe.

In diesem Lernbereich begegnen den Kindern die bereits aus dem Zahlenraum bis 20 bekannten Rechenoperationen Addition und Subtraktion. In den Heften 4 und 5 werden den Kindern vielfältige Übungsaufgaben geboten, die zum großen Teil neben dem Training der Rechenfertigkeit auch mathematische Entdeckungen zulassen. Das Material in den Regalen lädt die Kinder dazu ein, die Addition und Subtraktion zu vertiefen. Auch das „Rechenjogging 2" trainiert die Rechenoperationen noch einmal auf anschauliche Weise.

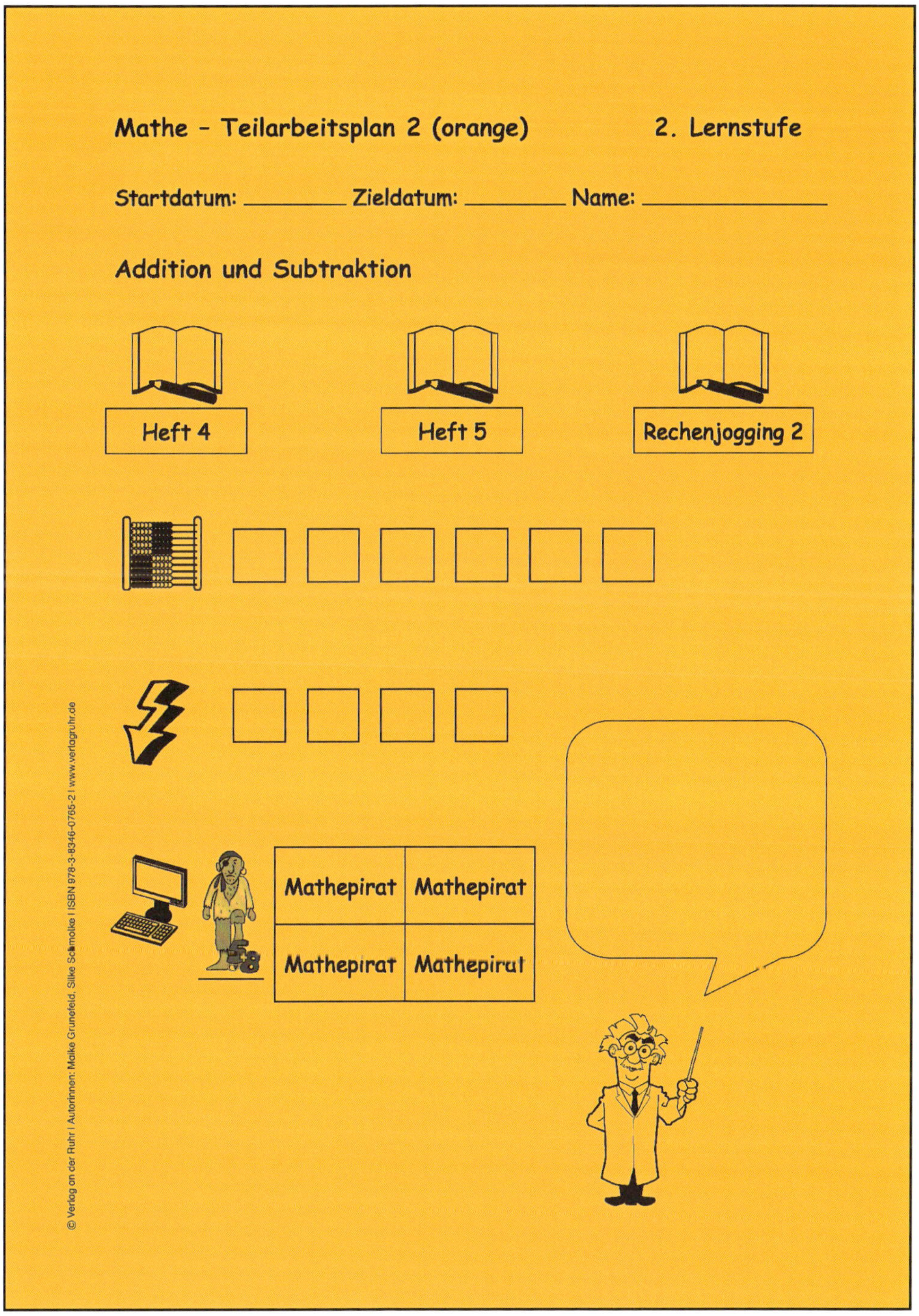

Der orangefarbene Teilarbeitsplan Mathematik für die 2. Lernstufe.

3.8.3 Multiplikation

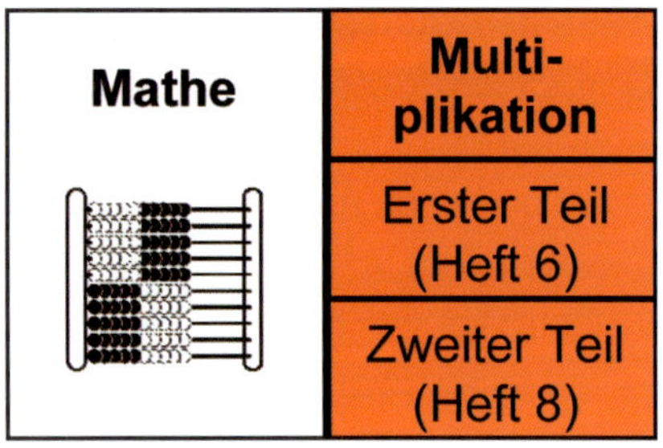

Der rote Bereich in Mathematik aus dem Jahresarbeitsplan für die 2. Lernstufe.

Um sich die Multiplikation zu erarbeiten, können strukturierte Punktebilder, Malaufgaben aus der Umwelt usw. genutzt werden. Zusätzlich zu den Übungen in den Heften 6 und 8 bieten wir den Kindern zu diesem Zeitpunkt noch eine Einmaleinswerkstatt an, die inhaltlich unabhängig von der Freiarbeit ist, aber während dieser Zeit bearbeitet werden kann. Hier werden Aufgaben ertastet, auf Klanghölzern gespielt und in der Umwelt gesucht. Die Stationen der Werkstatt werden im roten Teilarbeitsplan in der oberen Hälfte in den Feldern zur freien Auswahl notiert. Die weiterführenden Materialien, die die Tausch-, Merk- und Kernaufgaben trainieren, werden in der unteren Hälfte neben Heft 8 aufgeschrieben. Auf diese Weise wollen wir sicherstellen, dass die Kinder erst das Verständnis der Multiplikation entwickeln, bevor sie beginnen, sie zu automatisieren.
Der abschließende Einmaleinsführerschein bestätigt dann, dass die Kinder die Aufgaben zügig und sicher rechnen können.

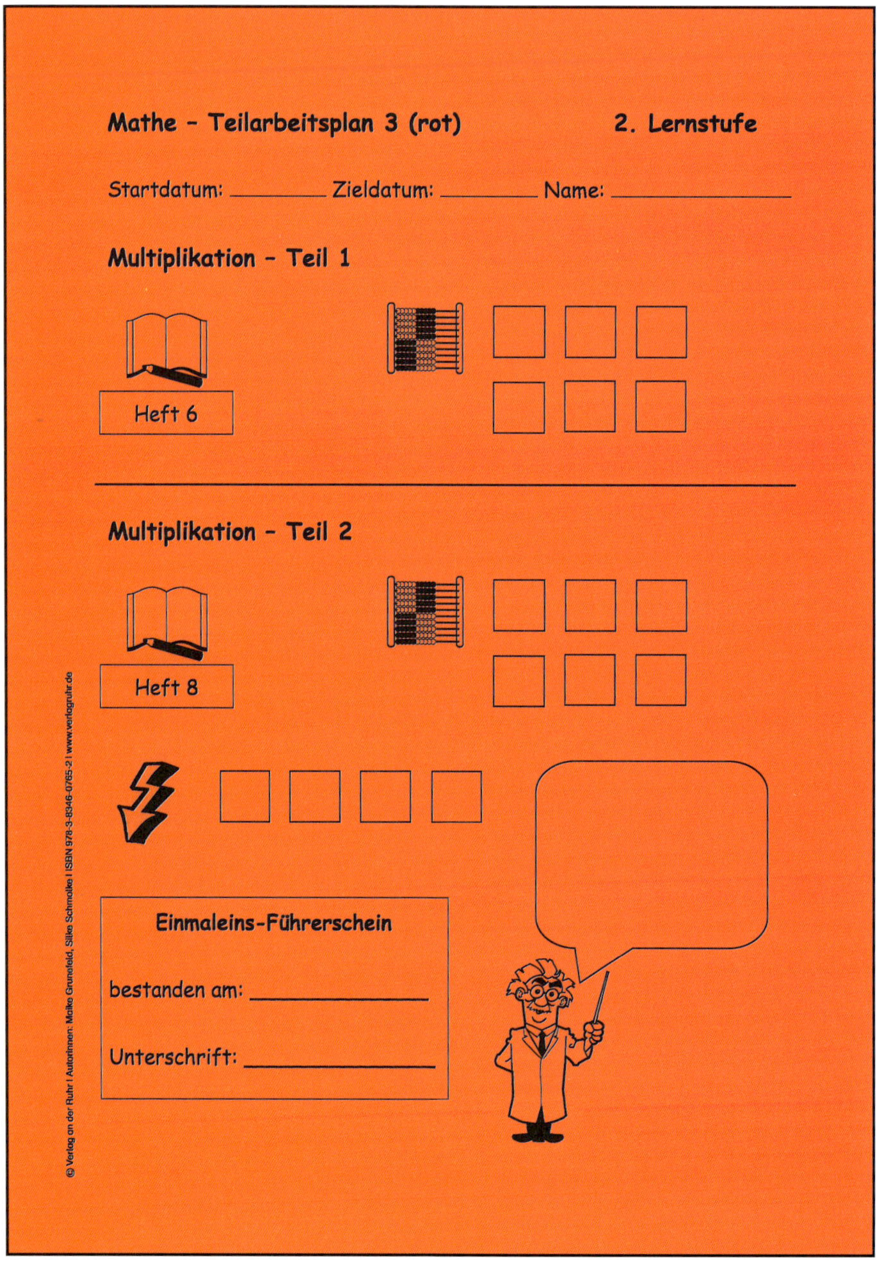
Mathe - Teilarbeitsplan 3 (rot) **2. Lernstufe**

Startdatum: ________ Zieldatum: ________ Name: ____________

Multiplikation - Teil 1

Heft 6

Multiplikation - Teil 2

Heft 8

Einmaleins-Führerschein

bestanden am: ____________

Unterschrift: ____________

Der rote Teilarbeitsplan Mathematik für die 2. Lernstufe.

3.8.4 Geometrie

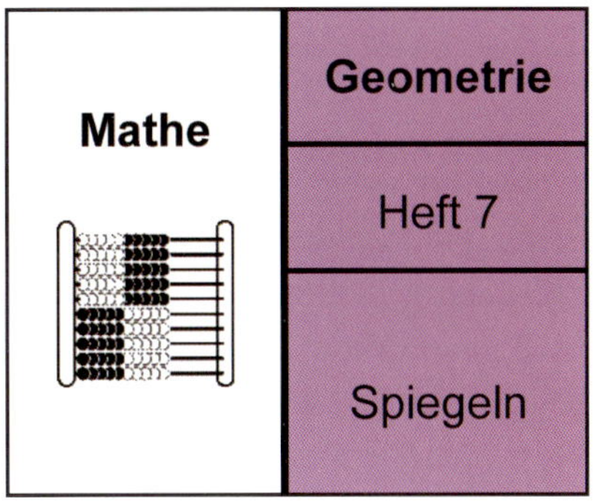

Der lilafarbene Bereich in Mathematik aus dem Jahresarbeitsplan für die 2. Lernstufe.

Wichtige Lernbereiche sind hier die Entwicklung von Raumorientierung und Raumvorstellung sowie der Umgang mit Symmetrie. Die Kinder sammeln Grunderfahrungen zu ebenen Figuren und Körpern. Figuren und Muster werden gezeichnet und somit die zeichnerischen Fertigkeiten weiter ausgebaut.
Neben dem Themenheft zur Geometrie erhält jedes Kind noch ein selbst zusammengestelltes Spiegelheft, in dem es Erfahrungen im Umgang mit dem Spiegel sammeln kann. Des Weiteren stehen den Kindern in diesem Bereich auch die Bücher „Spiegeln mit dem Spiegel" (H. Spiegel) und „Spiegeln mit dem Spiegelbuch" (G. Müller/E. Wittmann) zur Verfügung. Sie finden sich auf dem Teilarbeitsplan mit dem Begriff „Spiegelbuch" wieder. Daneben wird auch das „Architecto"-Material weitergeführt, das bereits in der 1. Lernstufe im lilafarbenen Plan begonnen wurde. Nun bearbeiten die Kinder die schwierigeren Aufgaben. Das Spiel selbst besteht wieder aus den gleichen Bausteinen, lediglich das Zusammensetzen der Figuren wird anspruchsvoller.

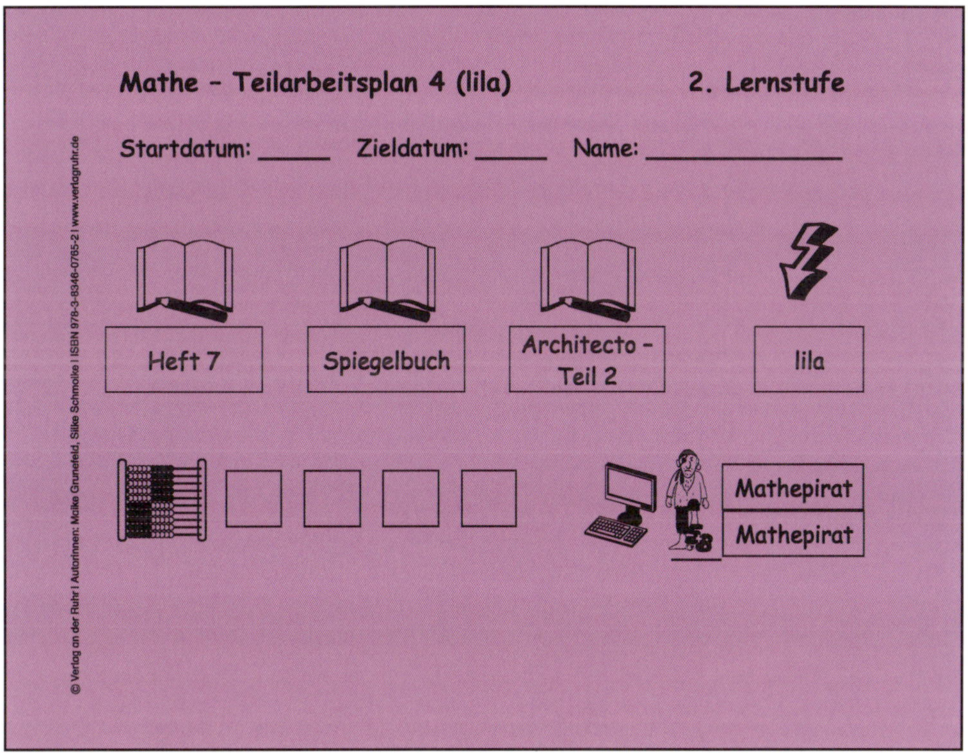

Der lilafarbene Teilarbeitsplan Mathematik für die 2. Lernstufe.

3.8.5 Sachrechnen

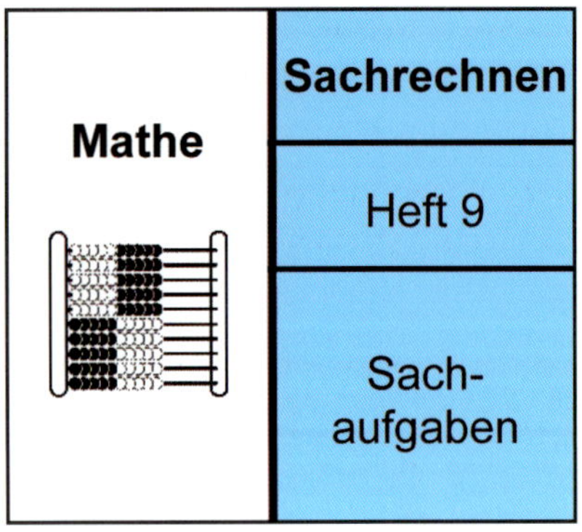

Der blaue Bereich in Mathematik aus dem Jahresarbeitsplan für die 2. Lernstufe.

Gerade das Problemlösen und die mathematische Kreativität stehen in diesem Teillernbereich im Mittelpunkt. Die Kinder finden vielfältige Angebote zum Knobeln und Ausprobieren. Als Beispiel seien hier die vertiefenden Aufgabenstellungen zu den Rechendreiecken, Zahlenmauern oder der Rechenfuchs genannt. Besonders der Rechenfuchs (Beenen Lehrmittel, nur antiquarisch erhältlich) verbindet noch einmal das Training der Rechenfertigkeit mit dem Sachrechnen. Hierbei handelt es sich um mehrere Zahlkarten, die ausgelegt werden. Dazu gehört eine Aufgabenkarte, die in Form von (Sach-)Rechenrätseln verfasst ist. Durch genaues Lesen, Rechnen und Nachdenken kann man immer mehr Zahlen ausschließen, bis am Ende nur noch eine Karte mit der richtigen Lösung übrigbleibt.

Aber auch der Umgang mit Längen, Zeitpunkten und -spannen wird hier noch einmal auf abwechslungsreiche Weise trainiert. In unserem selbsterstellten Körperheft lernen die Kinder auch andere als die ihnen bereits bekannten Einheitsmaße (mm, cm und m) kennen, wie die Handspanne, die Elle und den Fuß. Sie werden dazu angeleitet, begründet zu schätzen und zu vergleichen. Bei den Mathedetektiven handelt es sich um die „Abenteuerlichen Mathegeschichten" des Verlags an der Ruhr. Da dieser Titel so lang ist und die Kinder am Ende eine Mathedetektiv-Medaille erhalten, hat sich bei uns der Name Mathedetektive für dieses Material eingebürgert.

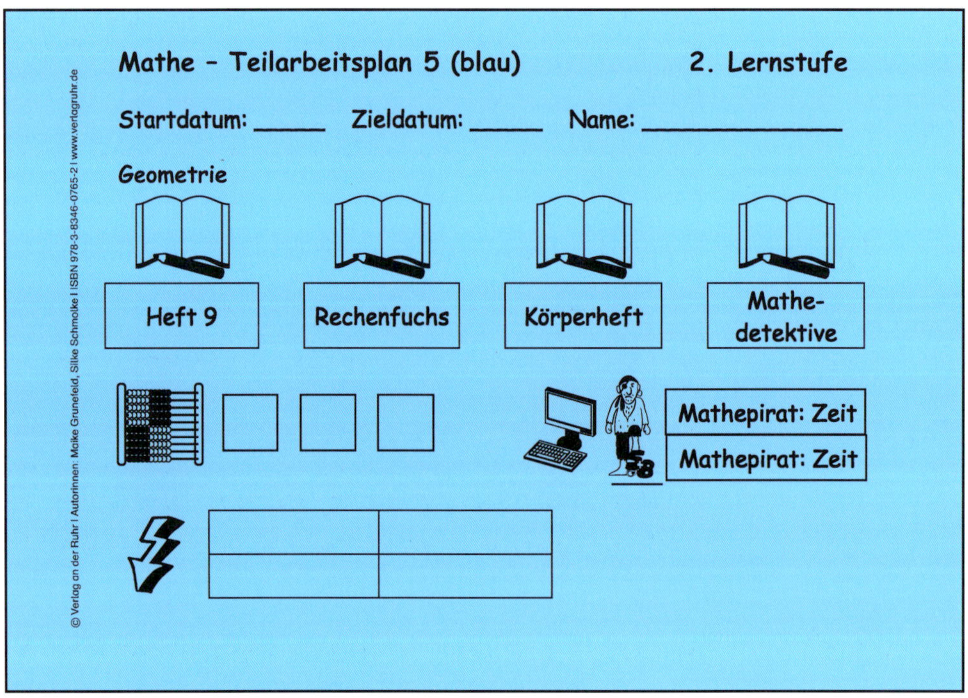

Der blaue Teilarbeitsplan Mathematik für die 2. Lernstufe.

3.8.6 Division

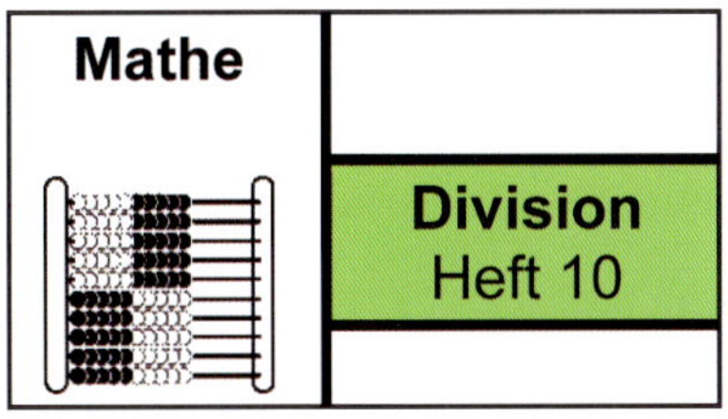

In diesem Teillernbereich wird die Division eingeführt und von den Kindern als Umkehroperation zur Multiplikation erfahren. Anhand von konkreten Sachsituationen werden die Notwendigkeit zur Rechenoperation Teilen und das Gefühl dafür vermittelt. Zu diesem Zeitpunkt sollten die leistungsstarken Zweitklässler das Einmaleins automatisiert haben.

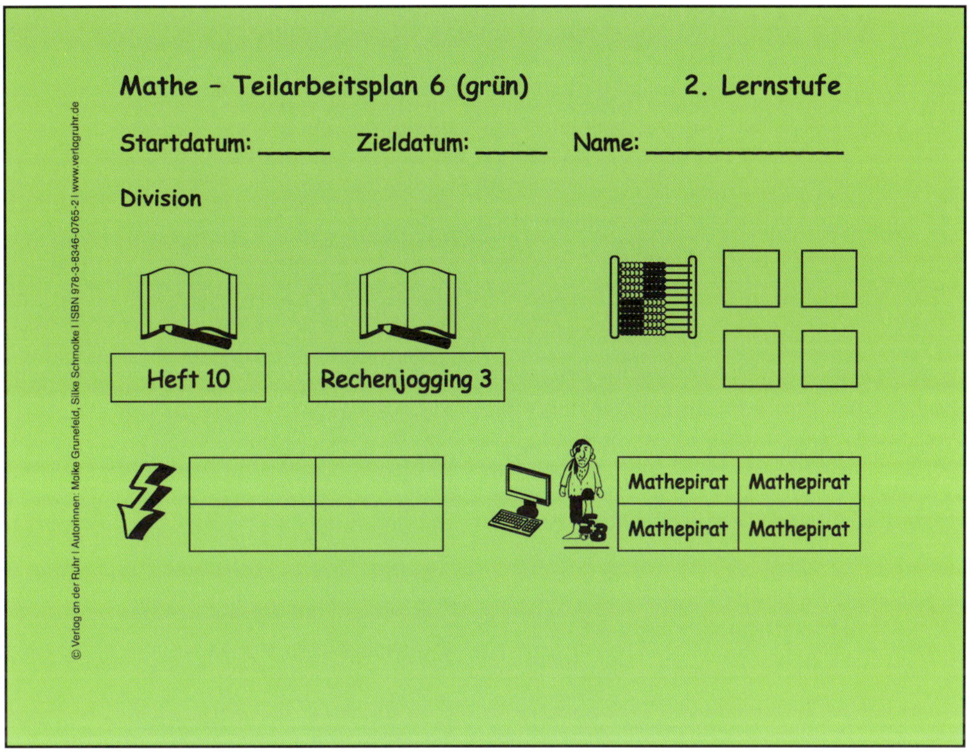

Der grüne Bereich in Mathematik aus dem Jahresarbeitsplan für die 2. Lernstufe.

3.8.7 Materialien, die während des ganzen Schuljahres bearbeitet werden können

Weiteres Material	Goldene Perlen, Teil 2	Somawürfel	Gemischte Rechenübungen	Blitzrechnen	Körperheft

Die weißen Bereiche aus dem Jahresarbeitsplan, die das ganze Jahr über bearbeitet werden können.

Auch in der 2. Lernstufe gibt es wieder Materialien, die die Kinder während des ganzen Schuljahres bearbeiten können. Dazu gehören die Goldenen Perlen Teil II, der Somawürfel, der Mathepirat, das Blitzrechnen und das Körperheft.

3.9 Weiterführung des Konzeptes in den Klassen 3 und 4

Auch in den Klassen 3 und 4 bleiben die **Grundelemente** des Konzeptes bestehen: Die Freiarbeitszeiten, die Aufteilung der Jahresarbeitspläne, die farbigen Teilarbeitspläne und die entsprechenden Symbole sind den Kindern aus den Klassen 1 und 2 vertraut. Sie haben in den letzten zwei Jahren gelernt, selbstständig und eigenverantwortlich aus dem Materialangebot auszuwählen, ihren Lernweg zu dokumentieren und zu reflektieren. Ab Klasse 3 sollen sie ihre erworbenen Kompetenzen in diesen Bereichen weiter vertiefen und ausbauen. Daher ist es sinnvoll, den Kindern in diesem Alter zunehmend **mehr Freiraum** in Bezug auf Lernmethode, Lernmedien und auch Lerninhalte zu gewähren. Gleichzeitig nimmt die **Stoffmenge** an verbindlichen Lerninhalten zu.

Daher ist die Gestaltung der Jahresarbeitspläne und die Ableitung der Teilarbeitspläne eine Gratwanderung zwischen Freiheit und Verpflichtung. Denn natürlich ist es auch weiterhin Ihre Aufgabe, dafür zu sorgen, dass die Kinder sich die verbindlichen Lerninhalte aneignen. Doch viele Kompetenzen und Fertigkeiten können an den unterschiedlichsten Themen und auf vielfältige Art und Weise gelernt und trainiert werden. Bieten Sie den Kindern daher verschiedene Lernsituationen an, aus denen sie dann auswählen oder aus denen sie eigene Fragestellungen ableiten können.

3.9.1 Veränderungen bei den Jahresarbeitsplänen

Grundsätzlich sind die Jahresarbeitspläne in den Klassen 3 und 4 genauso aufgebaut wie in den ersten beiden Schuljahren. Sie enthalten wieder alle verbindlichen Themen des jeweiligen Jahres und geben so eine Übersicht über das Schuljahr und dessen Lernstoff. Da die Kinder in den letzten beiden Jahren bereits individualisiert gearbeitet haben, werden einige von ihnen bereits Inhalte des nachfolgenden Jahres begonnen haben. Sie dürfen natürlich dort anknüpfen, wo sie am Ende des letzten Schuljahres aufgehört haben. Im umgekehrten Falle dürfen Kinder, die in einem Teilbereich vielleicht noch Nachholbedarf haben, ihre Aufgaben erst beenden, bevor sie mit dem neuen Jahresarbeitsplan beginnen. Diese Absprachen sind vor allem dann wichtig, wenn Sie – wie wir an unserer Schule – einen Klassenlehrerwechsel nach Klasse 2 haben. Daher ist der detaillierte Austausch zwischen abgebender und aufnehmender Lehrerin extrem wichtig.
Hier sehen Sie exemplarisch unseren Jahresarbeitsplan der Klassenstufe 3.

Tipp: In einer unserer letzten Konferenzen im Schuljahr räumen wir immer Gesprächszeit ein, in der die abgebende und aufnehmende Lehrerin gemeinsam über alle Kinder sprechen. Des Weiteren findet hier dann noch ein Austausch über eingeführte Rituale, zusätzliche Angebote etc. statt. Auf diese Weise erhält die neue Lehrerin schon sehr früh Informationen über ihre neuen Schüler und deren Entwicklungsstand und kann sich bis zum Beginn des neuen Schuljahres darauf einstellen.

Jahresarbeitsplan 3. Lernstufe

Grammatik /Rechtschreiben	Rechtschreibwerkstatt:	LD/KL	WA	WU	LV	WZ	AF
	Heft zum Wörterbuch	Wortartentrainer: Präpositionen	Zeitentrainer: Präsens	Präteritum	Perfekt	Heft: Nomen, Teil 1	Schreibhandwerk 1: Redezeichen
Schreiben	Geschichten strukturiert üben	Textproduktionen zu verschiedenen Themen	Geschichten schreiben, vortragen und gestalten	Wortschatz erweitern Material zu Pfiffikus	Vortrag	Schreibkarussell	
	Schreibhandwerk 1: Adjektive	Satzanfänge	Schreibhandwerk 1: Wortfelder	Zeitformen	Schreibhandwerk 1: Sinnvolle Sätze	Geschichtenaufbau	
Lesen	Leseverständnis	Leseverständnis	Bücher: mind. 15 Stück im Jahr	Betontes Lesen: Theaterspiele	Leseverständnis: Sachtexte	Leseheft Mozart	
	Leseheft 6, 7, 8	Leseheft Till Eulenspiegel	Antolin	Lesefreude	Forscherplakate	Rollenspieltexte	Bastelanleitungen
Mathe	Tausenderraum		Addition und Subtraktion bis 1000		Multiplikation/Division	Geometrie	Sachrechnen
	Zahlen bis 1000 (Heft 1)	Rechenpyramiden	Addition und Subtraktion im ZR bis 1000 (Heft 2)	Schriftliche Addition (Heft 3)	Heft zum großen Einmaleins	Längen, Körper u. Flächen (Heft 6)	Zeit (in Heft 3); Geld (in Heft 4); Gewicht (Heft 5)
	Zahlenstrahl	Markenspiel	Rechenpyramiden; Markenspiel	Schriftliche Subtraktion (Heft 4)	Multiplikation und Division (Heft 5)	Spiegeln mit dem Spiegel; Schauen und Bauen	Rechenfuchs 3; Abent. Mathegeschichten
Weiteres Material	Mathepirat		Denkschule		Blitzrechnen		

Der Jahresarbeitsplan für die 3. Lernstufe.

Den großen Übersichtsplan finden sie für beide Klassenstufen wieder auf beiliegender **DVD**. Sie können ihn wie die anderen Pläne an Ihre individuellen Gegebenheiten anpassen.
Die **Farbfolge** bleibt genau wie in Klasse 1 und 2 erhalten. Wieder beginnen die Kinder im gelben Bereich, wechseln dann zum orangefarbenen usw. Ein Unterschied besteht jedoch: In **Mathematik** entfällt der grüne Teilbereich. Dies hängt mit dem Lehrwerk zusammen, das unsere Kolleginnen dort einsetzen. Bei der Zuordnung der Themen zu den einzelnen Teilgebieten hat sich eine Aufteilung in nur fünf Einheiten angeboten. Natürlich kann dies bei dem von Ihnen verwendeten Mathematiklehrwerk anders sein, sodass Sie vielleicht wieder sechs Teilgebiete benötigen.

Auch bei den blauen und lilafarbenen Teilgebieten ergeben sich Veränderungen. Dies liegt zum einen daran, dass Sachaufgaben und das Rechnen mit Größen nun immer mehr in den Mittelpunkt des Mathematikunterrichts rücken. Es gibt keine einzelnen Einheiten mehr, in denen das Sachrechnen verstärkt geübt wird, sondern es wird in alle Themen stark eingebunden. Dasselbe gilt auch für den geometrischen Bereich. Auch hier sind einzelne Übungen immer wieder in das Mathematikbuch eingeflochten. Daher haben wir uns darauf verständigt, die Themen dann zu bearbeiten, wenn sie im Buch vorgesehen sind. In unseren Teilarbeitsplänen sind sie daher in den gelben, orangefarbenen und roten Bereich integriert. Im Jahresarbeitsplan sind sie als eigenständige Teilgebiete ausgewiesen. Dies hat den Vorteil, dass auf einen Blick erkennbar ist, welche Themen in Geometrie und Sachrechnen bearbeitet wurden.
Auf der **DVD** zu diesem Buch hingegen finden Sie im Materialteil bei den Teilarbeitsplänen separate Pläne für den blauen und lilafarbenen Bereich. So wird es für Sie übersichtlicher. Grundsätzlich ist es natürlich nicht sinnvoll, beispielsweise die blauen Sachaufgaben nur einmal im Schuljahr als Block zu bearbeiten. Daher können Sie wie wir diese Bereiche in die übrigen Teilarbeitspläne integrieren oder die Kinder evtl. auch den blauen und/oder lilafarbenen Plan parallel zu dem gelben, orangefarbenen oder roten bearbeiten lassen. An unserer Schule wird ein Mathematiklehrwerk eingesetzt, das individuelles Arbeiten ermöglicht und gut in unterschiedliche Bereiche einteilbar ist. Zusätzlich werden komplexere, ergiebige Aufgabenformate im Klassenverband erarbeitet und über die Themenhefte vertieft.

Im Bereich **Rechtschreiben** sind in den weißen Feldern in Abkürzungsform die unterschiedlichen Arbeitsbereiche der Rechtschreibwerkstatt auf dem Plan aufgeführt. Sie reichen von der Lautdurchgliederung der Wörter über Ableitungs- und Wortbaustrategien bis hin zu Ausnahmeschreibungen[13]. Da die Rechtschreibfähigkeiten der Kinder häufig sehr unterschiedlich sind, sind alle 3. und 4. Klassen mit dem vollständigen Rechtschreibmaterial von Sommer-Stumpenhorst ausgestattet.
Eine weitere Veränderung gegenüber den ersten beiden Lernstufen ergibt sich auch im Bereich des **Forschens und Vortragens**. Standen bisher hier die Forscherplakate im Vordergrund, sollen die Kinder nun auch andere Präsentationsformate und -techniken kennenlernen. Verpflichtend in Klasse 3 kommt ein Vortrag mit Moderationskarten hinzu. Im Gegensatz zum Forscherplakat werden die Sachinformationen nun nicht mehr ausformuliert als ganzer Text aufgeschrieben. Lediglich Stichpunkte werden auf kleinen Kärtchen notiert, die zusätzlichen Informationen müssen die Kinder im Kopf abspeichern. Durch die Reduktion der Informationen sollen die Kinder an ein freies Vortragen ihrer Texte herangeführt werden. Ein ansteigender Schwierigkeitsgrad in der Präsentation führt die Kinder auch auf eine neue Stufe ihrer Abstraktionsfähigkeit und sollte daher gefördert werden.

13 Aus Platzgründen können wir auf diese Einteilung nicht weiter eingehen. Wenn Sie das Konzept von Sommer-Stumpenhorst nicht kennen, finden Sie weitere Erläuterungen der Bereiche unter: www.rechtschreib-werkstatt.de/rsw/html/haus1.html, letzter Zugriff am 13.01.2011.

Nach dem Vortrag geben wir den Kindern genaue Rückmeldung über folgende Punkte: Was ist gut gelungen? War die Präsentationstechnik passend? Woran muss ich weiter arbeiten? Konnten mich alle verstehen? Zusätzlich füllen wir mit ihnen zusammen den unten aufgeführten **Rückmeldezettel** aus, damit die Kinder lernen, sich genau einzuschätzen. Nachdem die Eltern diesen Rückmeldezettel unterschrieben haben, wird auch er im Lerntagebuch aufbewahrt. So haben alle Beteiligten beim nächsten Forschervortrag die Möglichkeit, nachzuschauen und gezielt Tipps umzusetzen bzw. Beobachtungskriterien in Bezug auf die Lernentwicklung aufzustellen. Die Vorlage für den Rückmeldebogen finden Sie ebenfalls auf der **DVD** im Ordner „Vorlagen".

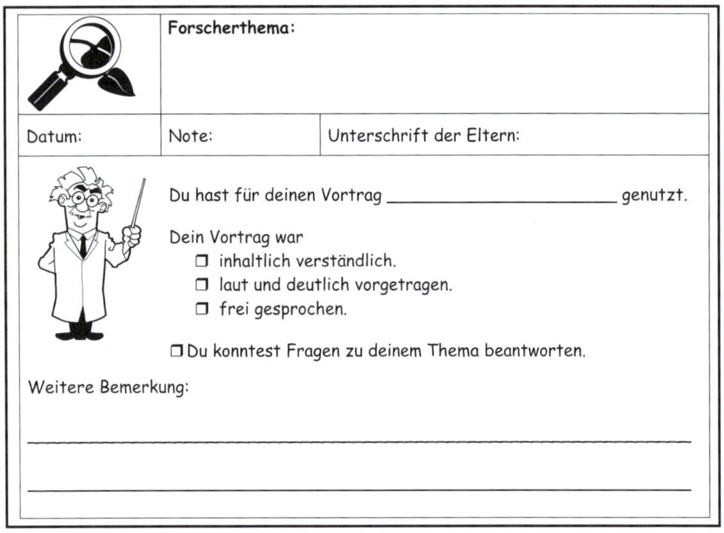

Forscherthema:

Datum: | Note: | Unterschrift der Eltern:

Du hast für deinen Vortrag ____________________ genutzt.

Dein Vortrag war
- ❒ inhaltlich verständlich.
- ❒ laut und deutlich vorgetragen.
- ❒ frei gesprochen.

❒ Du konntest Fragen zu deinem Thema beantworten.

Weitere Bemerkung:

____

____

Rückmeldezettel für einen Vortrag zu einem Sachthema.

Natürlich gibt es darüber hinaus auch **andere Präsentationstechniken**, die sich je nach Thema des Kindes anbieten: So wären ein Forscherbuch zu den verschiedenen Rassen eines Tieres (z.B. ein Hundebuch), eine Ausstellung zu verschiedenen Gesteinsarten, Zeitleisten zu prähistorischen Tieren oder Erdzeitaltern, das maßstabsgetreue Erstellen eines Sonnensystems oder die Erarbeitung einer Powerpoint-Präsentation denkbar. Aus diesem Grunde ist im Jahresarbeitsplan der Klasse 4 kein konkretes Forscherprojekt mehr benannt.
Der Vollständigkeit halber zeigen wir Ihnen nun noch den Jahresarbeitsplan der Klasse 4. Außer den oben beschriebenen Veränderungen bringt er aber keine Neuerungen mit sich.

Jahresarbeitsplan 4. Lernstufe

Grammatik /Recht-schreiben	Rechtschreibwerkstatt:	LD/ KL	WA	WU	LV	WZ	AF
	Heft: Verben Zeitformen	Wortarten-trainer: Pronomen	Heft: Pronomen	Satzgliederkartei / Heft: Satzglieder	Heft: Nomen, Teil 2	Heft: Wörtliche Rede	
Schreiben	Geschichten strukturiert üben	Textproduktionen zu verschiedenen Themen	Geschichten schreiben, vortragen und gestalten	Gedichte schreiben, vortragen und gestalten	Schreibkarussell		
	Schreibhandwerk 2	Schreibhandwerk 2	Schreibhandwerk 2				
	Bildsprache	Übertreibung	Wörtl. Rede	Sätze verändern	Reihenfolge	Geschichten ausschmücken	Den roten Faden beachten
Lesen	Bücher: mindestens 15 Stück im Jahr (Antolin)	Leseverständnis	Betontes Lesen	Sachtexte			
		Lesehefte: Kolumbus, Indianer, Gutenberg	Theaterspiele	Leseheft: Erste Mondlandung			
			Rollenspieltexte	Bastelanleitungen			
		Lesewege	Forschervorträge	Forscherplakate/Präsentationstechniken			
Mathe	Millionenraum	Addition u. Subtraktion bis 100 000	Multiplikation/Division	Geometrie	Sachrechnen		
	Zahlen bis 100 000 (Heft 1)	Rechen-pyrami-den	Addition und Subtraktion im Zahlenraum bis 100 000 (Heft 2)	Multiplikation und Division (Heft 3)	Symmetrie und Geodreieck (Heft 3)	Rechenfuchs 4	
					Kreis und Zirkel (Heft 4)	Rätseln, knobeln, kombinieren (Heft 6)	
				Schriftliche Multiplikation (Heft 4)	Umfang und Fläche (Heft 5)		
	Großer Rechen-rahmen	Millionen-buch	Rechenpyramiden	Schriftliche Division (Heft 5)	Spiegeln mit dem Spiegelbuch		
				Rechenpyramiden	Somawürfel	Abenteuerliche Mathegeschichten 4	
Weiteres Material	Mathepirat	Denkschule	Blitzrechnen				

Der Jahresarbeitsplan für die 4. Lernstufe.

3.9.2 Veränderungen bei den Teilarbeitsplänen

Auch bei den Teilarbeitsplänen gibt es leichte Veränderungen im Vergleich zu den Vorjahren. Mit der steigenden Stofffülle nimmt natürlich auch der Umfang der Pläne zu. Als Beispiel sehen Sie hier den ersten Teilarbeitsplan der 3. Lernstufe in Deutsch.

Der Bereich **Rechtschreiben** nimmt nun einen wesentlich größeren Stellenwert ein. Dies hängt vor allem damit zusammen, dass die Leistungen der Kinder, wie oben beschrieben, immer weiter auseinandergehen und das gesamte Leistungsspektrum mit den Teilarbeitsplänen abgedeckt werden soll. Auch hier gilt wieder: beherrschte Lerninhalte streichen und das Kind weitergehen lassen.
Des Weiteren gibt es wie in Klasse 1 und 2 auch hier wieder verpflichtende Elemente, die das sinnentnehmende Lesen und das kriterienbezogene Verfassen von Texten schulen und die Fertigkeiten in diesen Bereichen ausbauen. Zusätzlich gibt es auf jedem Deutschplan ein Feld für **Gedichte**, sodass die Kinder immer wieder die Gelegenheit haben, sich mit Lyrik auseinanderzusetzen. Die Nummer des Gedichtes soll hierbei auf dem Arbeitsplan notiert werden, sodass Sie als Lehrer nachvollziehen können, welche Gedichte ein Kind bearbeitet hat. Natürlich können die Kinder hier auch selbstverfasste Gedichte, z.B. Elfchen und Rondelle, eintragen. Zusätzlich zu der freien Auswahl in den Bereichen Lesen und Schreiben werden die Kinder in jedem Plan an die **dauerhaften Pflichtaufgaben**, die im Jahresarbeitsplan weiß unterlegt sind, erinnert. Damit wollen wir vermeiden, dass diese längerfristigen Aufgaben „vergessen“ werden und hinterher übrigbleiben. Denn die Bereiche Textproduktion, Lesefähigkeit und Wortschatz werden nur durch kontinuierliches Arbeiten weiterentwickelt.

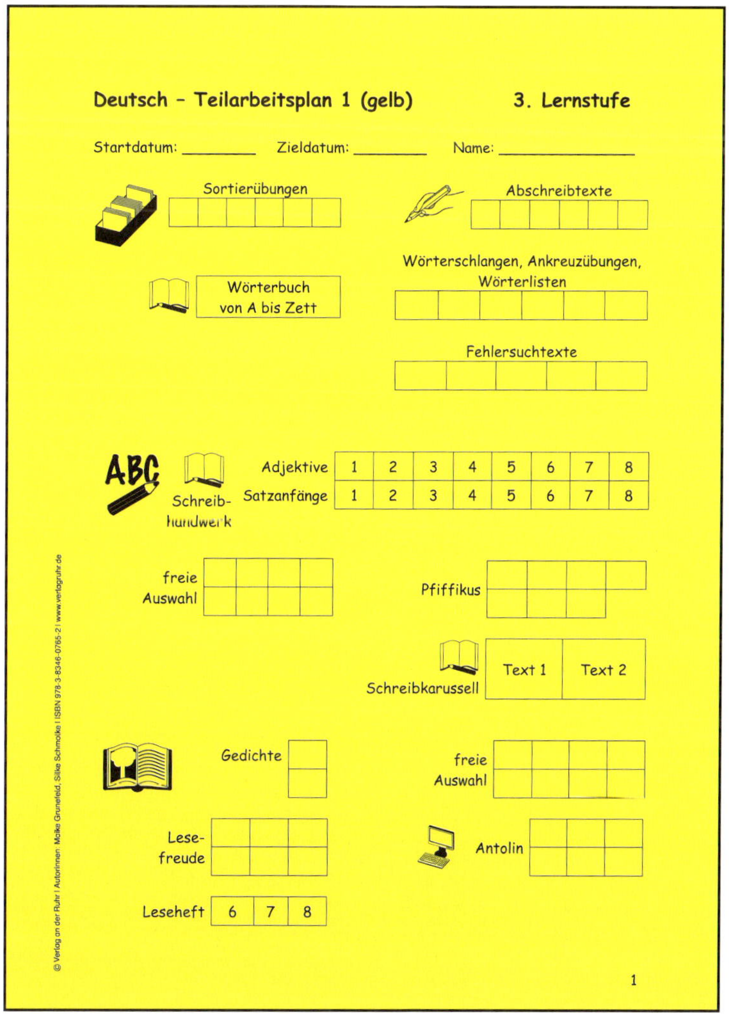
Deutsch – Teilarbeitsplan 1 (gelb) 3. Lernstufe

Startdatum: ________ Zieldatum: ________ Name: ________________

Sortierübungen

Abschreibtexte

Wörterbuch von A bis Zett

Wörterschlangen, Ankreuzübungen, Wörterlisten

Fehlersuchtexte

Schreib-handwerk

Adjektive	1	2	3	4	5	6	7	8
Satzanfänge	1	2	3	4	5	6	7	8

freie Auswahl

Pfiffikus

Schreibkarussell: Text 1 | Text 2

Gedichte

freie Auswahl

Lesefreude

Antolin

Leseheft	6	7	8

1

Der gelbe Teilarbeitsplan Deutsch für die 3. Lernstufe – Vorderseite.

Alle Teilarbeitspläne der 3. und 4. Klassen sind **doppel-** oder **mehrseitig**. Auf den Rückseiten finden Sie zum einen **Felder für Rückmeldungen** über die Leistungen eines Kindes, unten z.B. ein Feedback zu einer freien Geschichte aus der Freiarbeit, die in die Bewertung mit einfließt. Zum anderen ist aber auch die bereits bekannte Selbsteinschätzung durch die Kinder aufgeführt. Im skizzierten Daumenmodell reflektieren die Kinder ihr Lern- und Arbeitsverhalten durch Anmalen des passenden Daumens bzw. der Figur.

Die Fähigkeit der Kinder, sich schriftlich auszudrücken, ist nun schon recht gut entwickelt. Daher werden die Kinder in unserer Schule ab Klasse 3 zusätzlich zu dem Feedback auf den Teilarbeitsplänen immer wieder ermuntert, schriftlich in den Dialog mit der Lehrerin zu treten. Dazu wendet sich ein Kind schriftlich mit dem **Dialogblatt** an sie, um ihr seine Bedürfnisse mitzuteilen (s. Kapitel 2.6.2). Die Lehrerin antwortet ebenfalls schriftlich.
Dialogblätter finden sich in jeder Klasse und stehen somit jedem Kind zur Verfügung. Allerdings stellen sie nur ein freiwilliges Angebot an die Kinder dar, das sie aber unserer Erfahrung nach gerne nutzen. Sie geben den Kindern Gelegenheit, sich aktiv mit in das Klassengeschehen einzubringen und sich selbst als wichtiges Mitglied der Gemeinschaft zu verstehen, das mit seinen Ideen und Beobachtungen Einfluss nehmen kann. Hat ein Kind ein solches Dialogblatt ausgefüllt, legt es das Blatt in das Postkörbchen der Lehrerin und wartet auf die Antwort. Bereits beantwortete Dialogblätter werden im Lerntagebuch gesammelt und aufbewahrt. Auf diese Weise erhält die Lehrerin wichtige Informationen über die Entwicklung des Kindes im sozial-emotionalen Bereich. Sie finden das Dialogblatt auch als Vorlage auf der **DVD**.

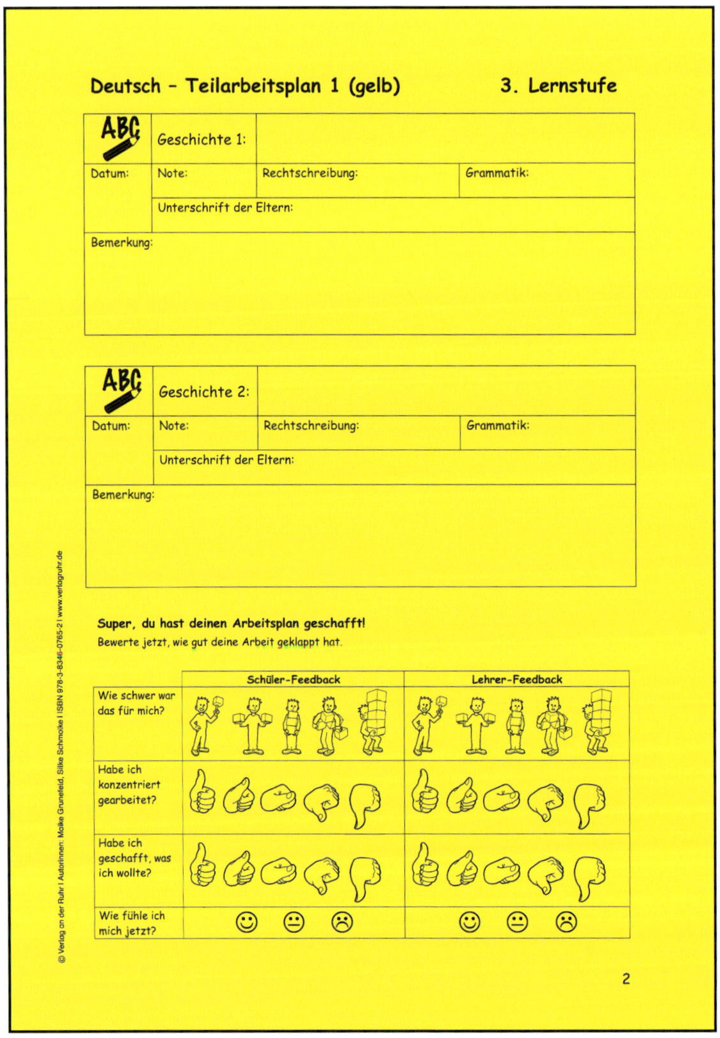

Deutsch – Teilarbeitsplan 1 (gelb) **3. Lernstufe**

ABC Geschichte 1:
Datum: | Note: | Rechtschreibung: | Grammatik:
Unterschrift der Eltern:
Bemerkung:

ABC Geschichte 2:
Datum: | Note: | Rechtschreibung: | Grammatik:
Unterschrift der Eltern:
Bemerkung:

Super, du hast deinen Arbeitsplan geschafft!
Bewerte jetzt, wie gut deine Arbeit geklappt hat.

	Schüler-Feedback	Lehrer-Feedback
Wie schwer war das für mich?		
Habe ich konzentriert gearbeitet?		
Habe ich geschafft, was ich wollte?		
Wie fühle ich mich jetzt?	☺ 😐 ☹	☺ 😐 ☹

© Verlag an der Ruhr | Autorinnen: Maike Grunefeld, Silke Schmolke | ISBN 978-3-8346-0765-2 | www.verlagruhr.de

2

Der gelbe Teilarbeitsplan Deutsch für die 3. Lernstufe – Rückseite.

Kapitel 4

Das Konzept für Ihre Schule umsetzen

4.1 Wie fange ich an?

4.1.1 Zeitplanung

Zuallererst sollten Sie sich überlegen, in welchem **Zeitrahmen** Sie Ihren Unterricht weiter öffnen möchten. Die dafür benötigte Zeit hängt von vielen Faktoren ab, z.B. ob Sie die Umstrukturierung für eine **jahrgangshomogene oder eine jahrgangsübergreifende Klasse** planen. Im letzten Falle müssen Sie ja für mehrere Lernstufen die Jahresarbeitspläne und Teilarbeitspläne erstellen.
Wollen Sie den Schritt alleine gehen, oder haben Sie **Parallelkollegen**, die sich die Arbeit mit Ihnen teilen? Obwohl sich der geleistete Arbeitseinsatz aus unserer Sicht sehr schnell amortisiert und sich schnell eine Arbeitserleichterung einstellt, sollten Sie sich auch die Frage stellen, wie viel Zeit Sie persönlich zum jetzigen Zeitpunkt in zusätzliche Arbeit investieren können.
Analysieren Sie Ihren **bisherigen Unterricht**: Wie viele und welche Elemente können und sollen beibehalten werden? Je differenzierter Sie bereits unterrichten, umso weniger Umstellungen kommen auf Sie zu.
In den folgenden Kapiteln wollen wir Ihnen Schritt für Schritt die praktische Umsetzung unseres Konzeptes näherbringen. Wenn Sie beim Lesen der Kapitel den Eindruck gewinnen sollten, das ist für Sie nicht leistbar, dann möchten wir an dieser Stelle schon einmal den Druck von Ihnen nehmen. Grundsätzlich sollten Sie sich in Ihrer zeitlichen Planung nicht allzu sehr unter Druck setzen. Setzen Sie sich **realistische Ziele**, die Sie auch wirklich erreichen können. Sonst baut sich sehr schnell Frust auf, der die Umsetzung des Konzeptes gefährdet.
Auch wir haben uns schrittweise verändert. Versuchen Sie nicht, alles auf einmal zu verändern. Nehmen Sie sich Zeit, und planen Sie Etappenziele, z.B. bis zu den Herbstferien die Entwicklung der Jahresarbeitspläne, anschließend bis Halbjahresende den Entwurf der Teilarbeitspläne etc. Sie müssen auch nicht alle Bereiche sofort umsetzen, sondern können z.B. erst einmal mit einem Fach und kürzeren Freiarbeitszeiten beginnen.

4.1.2 Teambildung

Wie schon erwähnt, erleichtert die **Zusammenarbeit** mit Kollegen die Umsetzung des Konzeptes erheblich. Zum einen gilt das in **zeitlicher Hinsicht**, da anfallende Arbeiten aufgeteilt werden können, zum anderen bereichert der **gemeinsame Austausch** über Ideen und Inhalte die Arbeit. Jeder Kollege kann seine persönlichen Stärken, z.B. für bestimmte Fächer, gezielt einbringen. So profitiert jeder vom anderen.

Produktiv sind Ideensammlungen und Teambesprechungen mit Kollegen.

Daher ist es gerade am Anfang wichtig, die Kollegen für diese Idee der Umstrukturierung zu gewinnen. Ideal wäre es, wenn sich das **gesamte Kollegium** für diesen Schritt entscheiden würde.
Es reicht aber auch durchaus, wenn man es schafft, ein Team mit seinen **Parallelkollegen** zu bilden, um erst einmal anzufangen. Wir haben die Erfahrung gemacht, dass auch die restlichen Kollegen mitziehen und folgen, wenn es ihnen in der Praxis vorgemacht wird und sich die tatsächliche Arbeitserleichterung gezeigt hat.

An unserer Schule werden die Eingangsklassen seit dem Schuljahr 2005/2006 jahrgangsgemischt unterrichtet. Zu diesem Zeitpunkt wurden die 3. und 4. Jahrgänge noch jahrgangshomogen geführt. Wir Lehrerinnen der Eingangsklassen kamen schnell an den Punkt, an dem wir begannen, unseren Unterricht zu öffnen und zu individualisieren, da es uns schwerfiel, den ganzen Schultag einen fordernden gemeinsamen Unterricht für beide Lernstufen abzuhalten. Auch ein Abteilungsunterricht, indem wir abwechselnd die 1. und 2. Lernstufe unterrichten, entsprach nicht unserer Auffassung von gutem Unterricht. Ziemlich schnell stellten wir also auf Freiarbeitszeiten und die Führung von Arbeitsplänen um. Im Laufe der Jahre überarbeiteten wir fortwährend diese beiden Grundelemente. Später begannen wir, die Jahresarbeitspläne, Teilarbeitspläne und die verpflichtenden Freiarbeitsmaterialien hinzuzufügen. Bis zum vorliegenden Konzept wurde ausprobiert und verändert. Wir haben viel diskutiert, und anfangs waren nicht alle Kollegen unserer Schule von dieser Idee überzeugt. Aber durch die positive Resonanz seitens der Eltern und anderer Kollegen und durch die tatsächliche Arbeitserleichterung, die sich schon im 1. Schuljahr nach der Konzeptumsetzung zeigte, überzeugten wir auch die restlichen Kollegen davon, das Konzept in den 3. und 4. Klassen fortzusetzen. Wir haben sehr davon profitiert, dass wir Konferenzzeiten, pädagogische Tage und dergleichen für die Weiterentwicklung der Pläne genutzt haben. Dadurch hielt sich der Mehrarbeitsaufwand in Grenzen, und wir konnten so das gesamte Kollegium erreichen und für das Konzept gewinnen.
Mittlerweile arbeitet die gesamte Schule jahrgangsübergreifend, in der Mischung 1/2 und 3/4. Das Grundkonzept findet sich in allen Klassenstufen wieder. Keine unserer Kolleginnen würde heute mehr anders arbeiten wollen. Durch die intensive Auseinandersetzung und Zusammenarbeit haben wir ein Konzept gefunden, das von allen getragen wird und mit dem sich jeder identifiziert. Ein solch umfassendes Schulkonzept kann nur im Team gelingen. Einschätzungen unserer Kolleginnen finden Sie auf der **DVD, TR 6**.

4.1.3 Erstellen Ihres eigenen Jahresarbeitsplans

Sinnvoll ist es, sich erst **einmal ein Fach** vorzunehmen und komplett zu strukturieren und dann erst das nächste Fach zu beginnen. Wir fanden das Fach Mathematik zum Einsteigen einfacher, da es sich leichter gliedern lässt. Anfangs ist das Wichtigste die **Sichtung vorhandener Curricula und Arbeits- bzw. Lehrmaterialien**. Sie bilden das Fundament des Jahresarbeitsplans. Im nächsten Schritt ordnen Sie diese den verschiedenen **Farbbereichen** zu. Denn daraus ergeben sich die notwendigen Veränderungen, die Sie an den vorhandenen Jahres- und Teilarbeitsplänen vornehmen müssen.
Wir haben im Team vorab den gesamten Jahresarbeitsplan geplant. Dazu haben wir uns erst einmal über die verbindlichen Anforderungen ausgetauscht, die auf dem Jahresarbeitsplan sozusagen das Fundament bilden. Wenn Sie die Jahresarbeitspläne soweit überarbeitet haben, ist der nächste Schritt eine Bestandsaufnahme der vorhandenen Arbeitsmaterialien. Sie werden den verschiedenen Teillernbereichen und somit den unterschiedlichen Farbebenen zugeordnet. Wichtige Diskussionspunkte dabei waren bei unseren Überlegungen:

- Was oder welche Materialien gibt es schon in jeder Parallelklasse? Welche haben sich als sinnvoll erwiesen?
- Wer hat Materialien, die das Vorhandene gut ergänzen? Diese Materialien sollten dann für alle Parallelklassen angeschafft werden.
- In welchen Farbbereichen fehlt Material? Eventuell lassen sich Themenhefte selbst aus bereits in Vorjahren hergestellten Unterrichtsmaterialien erstellen. Oft können auch die Verlage Sie beraten, welches Material sich eventuell zum selbstständigen Arbeiten in diesem Lernbereich eignet.

Tipp: Erstellen Sie sofort Ihre Anschaffungswunschliste! Später vergisst man vieles wieder.

4.1.4 Materialbeschaffung

Wenn Sie anfangen, Ihr vorhandenes Material zu sichten, werden Sie feststellen, dass Sie in einigen Bereichen gut mit Material ausgestattet sind und in anderen Lernbereichen den Kindern kaum etwas anbieten können. In der gleichen Lage haben wir uns auch befunden. In der nächsten Lehrer- und in der anschließenden Schulkonferenz wurde daraufhin der Beschluss gefasst, keine Bücher und Hefte von dem jährlichen Schulgeld mehr anzuschaffen, sondern es fast ausschließlich zur Materialbeschaffung zu verwenden. Diese Vorgehensweise hat sich bewährt, und mittlerweile haben wir zu allen Lernbereichen ansprechende und umfangreiche Materialien, die wir den Kindern zum Lernen anbieten können.

Tipp: Wenn Sie eigene Themenhefte entwickelt haben, können Sie diese auch kostengünstig in der Druckerei vervielfältigen lassen. Viele Städte bieten ihren Schulen an, die städtische Druckerei zu beauftragen. Meist sind die Druckkosten dort niedriger als in der Schule. Das spart nicht nur Geld, sondern auch Zeit, in der Sie nicht am Kopierer stehen müssen.

Natürlich gibt es darüber hinaus noch weitere Möglichkeiten, sich als Schule Geld für solche Anschaffungen zu erarbeiten. Sie können z.B. einen Sponsorenlauf stattfinden lassen oder auf Schulveranstaltungen (wie einem Adventsbasar, Flohmarkt oder Schulfest) die Erlöse für die Anschaffung neuer Materialien nutzen. Außerdem hilft bei sinnvollen Käufen im Sinne der Kinder auch sicher gerne der **Förderverein** aus. Weitere Möglichkeiten bieten natürlich auch **Spenden**, z.B. einer örtlichen Bank oder anderer Institutionen. Eine konkrete Vorschlagsliste zu den von uns erprobten und für gut befundenen Materialien finden Sie in Kapitel 4.5.

4.1.5 Erstellung der Teilarbeitspläne

Bei der Erstellung der Teilarbeitspläne haben wir uns zunächst im Team auf **wiederkehrende Strukturen** (z.B. die Symbole und die Farben) und die Inhalte verständigt. Dann haben wir uns **aufgeteilt**, und jeder hat zu Hause seinen Teilarbeitsplan unter Berücksichtigung der Absprachen erstellt. Die fertigen Pläne haben wir jedem Teammitglied zugemailt. Sie wurden in der nächsten Teamsitzung **besprochen**, eventuell verändert und anschließend freigegeben.

Auf diese Weise konnten wir die Teilarbeitspläne recht zügig erstellen, und trotzdem fand sich jede Kollegin in ihnen wieder. Bei den Teilarbeitsplänen ist es wichtig, dass bestimmte Materialien festgeschrieben werden, die alle Kinder bearbeiten sollen. Somit wird sichergestellt, dass die für diesen Lernbereich festgelegten **Lernziele** auch erreicht werden können. Darüber hinaus haben wir immer eine gewisse **freie Auswahl** weiterer Arbeitsmaterialien zugelassen, die auch sehr gerne von den Kindern zur Vertiefung genutzt wurde. Natürlich **überarbeiten** auch wir immer wieder unsere Pläne, wenn einer Kollegin ein Problem aufgefallen ist. Denn oft stellt sich in der praktischen Arbeit heraus, dass sich ein Material nicht bewährt hat oder ein Plan zu umfangreich ist.

4.1.6 Hospitationen

Wir möchten Sie dazu einladen, den **Kontakt zu anderen Schulen** zu suchen, die bereits einen weitgehend individualisierten Unterricht eingeführt haben. Im Austausch von gegenseitigen Erfahrungen kommt man oft viel schneller auf Lösungen als bei endlosen internen Besprechungen.

Als besonders hilfreich empfanden wir zahlreiche **Hospitationen** an anderen Schulen, die ähnlich offen arbeiteten. Immer zwei Kolleginnen besuchten gemeinsam eine Schule und hospitierten dort einen Vormittag. Ein zuvor im Kollegium entwickelter **Beobachtungsbogen** half uns während der Hospitation, unsere Eindrücke zu strukturieren und gezielte Nachfragen zu stellen. Sie finden den Bogen als veränderbares Word-Dokument auf der beiliegenden **DVD**.

Beobachtungskriterien für die Hospitation an Schulen mit jahrgangsgemischtem Unterricht

Unterrichtsorganisation:
- Welche offenen U-Formen werden eingesetzt?
- Regeln, Rituale in der Klasse/in der Schule (z.B. ohne Klingel, individuelle Pausenzeiten, Helfersysteme)
- Tages-/Wochen-Arbeitsplan? Wie individuell ist er? Aufbau?
- Wie läuft es mit den Hausaufgaben (differenziert?)?
- In welchen Stunden/Fächern sind die Kinder nach Jahrgängen getrennt?
- Gibt es ein Pflichtprogramm für die Kinder (individuell oder allgemein)?
- Gibt es einen Klassenrat/Streitschlichtungsmodelle?
- Wie findet Reflexion statt? Wird vorab ein Beobachtungsauftrag gegeben?
- Welche Kontrollsysteme gibt es?

Raumgestaltung:
- Einrichtung/Anordnung des Materials

Material:
- Wird mit Themenkisten gearbeitet? Welche sind vorhanden?
- Welche Materialien werden von der Schule gestellt? Wie hoch ist der Anteil der privaten Materialien?
- Gibt es Forscherecken?
- Wird Sachunterricht ausschließlich über die Freiarbeit abgedeckt oder wird er zusätzlich als Fach erteilt?

Hospitationen in anderen Schulen sind hilfreich – noch hilfreicher mit vorab erstellten Beobachtungskriterien.

Oft bekamen wir Gelegenheit, **Freiarbeitsmaterialien** zu **begutachten**. Gute Anstöße ergaben sich auch aus dem Austausch mit den Kollegen der anderen Schulen über deren Unterrichtskonzepte und Strukturen, die sich bewährt haben. Anschließend wurden die Beobachtungen der Kollegen in der Lehrerkonferenz vorgestellt. Oft ergab sich daraus bereits eine angeregte Diskussion, welche Strukturen und Konzepte sich auch für uns eignen könnten. So entstand nach und nach ein immer klareres Bild, wie unser geöffneter und individualisierter Unterricht in der Praxis aussehen sollte.
Geeignete Schulen in unserer Nähe fanden wir vor allem mit Hilfe des **Internets**. Viele von ihnen verfolgen einen reformpädagogischen Ansatz, sodass wir bei der Eingabe der Schlagwörter „individualisierter Unterricht", „Montessori", „Peter Petersen", „Freiarbeit" etc. relativ schnell fündig wurden. Auch Kontakte, die einige Kollegen von uns auf **Fortbildungsveranstaltungen** geknüpft hatten, wurden genutzt, um Kontakt zu geeigneten Schulen herzustellen. Zu guter Letzt schickte uns das **Schulamt** auf unsere Anfrage hin eine Liste mit innovativ arbeitenden Schulen.

4.1.7 Verbindlichkeiten festlegen

Bevor Sie mit der konkreten Ausgestaltung des Unterrichtskonzeptes beginnen, sollten Sie mit Ihrem Team noch einige Grundsätze für den individualisierten Unterricht festlegen. Anderenfalls laufen Sie Gefahr, dass es kaum noch Verbindlichkeiten bzw. klare Absprachen gibt. Dies würde dazu führen, dass die Kinder unkontrolliert arbeiten und Sie als Lehrkraft leicht den Überblick verlieren. Dadurch ist das Erreichen der Lernziele nur noch schwer überprüfbar und kaum mehr sicherzustellen. Schnell entstehen dann Schwierigkeiten mit den Eltern oder den Kollegen, die die Kinder eventuell später übernehmen. Aber auch für den aktuell unterrichtenden Lehrer schaffen klare Verbindlichkeiten Sicherheit im Umgang mit den Kindern, den Eltern und dem Kollegium.

Folgende Verbindlichkeiten fanden wir hilfreich:

- **Eine wöchentlich stattfindende Teamsitzung:**
  Eine kontinuierliche Teamarbeit, z.B. unter Parallelkollegen, ist nur effektiv, wenn es regelmäßige Teamsitzungen gibt. Wir treffen uns wöchentlich für ca. 45 Minuten

und besprechen in dieser Zeit den Lernstoff der Woche, neue Materialien, Lernstandskontrollen und Ähnliches. Sinnvoll ist es, kurze Stichpunkte zu den Teamsitzungen in protokollierter Form festzuhalten, damit z.B. Vereinbarungen oder Zielsetzungen nachgelesen werden können.

- **Die Entwicklung von Jahresarbeitsplänen für jede Jahrgangsstufe:**
  Die Inhalte des Jahresarbeitsplans sind verbindlich. Sie bilden das Fundament. Darüber hinaus steht es dem jeweiligen Lehrer frei, den Unterrichtsstoff zu ergänzen.
- Zu jedem Teillernbereich gibt es **verbindliche Materialien**, die jede Klasse besitzt und die alle Kinder durchgearbeitet haben müssen, ehe sie den Teillernbereich verlassen dürfen. Einzig und allein das erfolgreiche Bestehen einer Lernstandsdiagnose kann zum Kürzen bzw. Streichen bestimmter Materialien aus dem Teilarbeitsplan führen.
- Alle Parallelkollegen setzen die gleichen **Lernstandsdiagnosen** ein und bewerten sie nach gemeinsam erarbeiteten Kriterien. In regelmäßigen Teamsitzungen werden die Auswertungen der Lernstandsdiagnosen besprochen und verglichen. Das ist besonders wichtig, um Rücksprachen zu halten bezüglich der Verbleiber oder Springer, die die flexible Schuleingangsphase in drei oder einem Jahr durchlaufen.
- **In allen Klassen existieren ähnliche Ordnungsstrukturen:**
  Damit ist gemeint, dass in allen Klassen die Materialien und deren fester Platz im Regal mit den Farbschildern gekennzeichnet sind. Das ist ungemein hilfreich, wenn Kinder aus der Nachbarklasse betreut werden müssen. Denn dann können sie in jeder Klasse in ihrem Teilarbeitsplan weiter arbeiten und müssen nicht mit zusätzlichen Arbeiten versorgt werden. Ebenso hilfreich sind diese wiederkehrenden Strukturen für Vertretungslehrer. Denn gerade dort versuchen Kinder immer wieder, in geöffneten Unterrichtsphasen der Anstrengung zu entgehen oder sich mit ihren Lieblingsmaterialien, die häufig nicht ihrem Lernstand entsprechen, zu beschäftigen.
- Des Weiteren sollte am Anfang des Schuljahres unter den Kollegen abgesprochen werden, wie hoch der **Stundenanteil des freien Arbeitens** am Stundenplan ist, damit dieser Unterricht auch in allen Klassen gleich stark vertreten ist.
- Sollten Sie so wie wir einen Klassenlehrerwechsel nach der Eingangsstufe haben, so sollten die Kinder nach Möglichkeit auch in der aufnehmenden Klasse diese ihnen vertrauten Strukturen wiederfinden. Ein zusätzlicher **Austausch** der abgebenden und aufnehmenden Lehrerin **über Regeln und Rituale** und eine Einigung über deren Handhabung hat sich bei uns auch als hilfreich herausgestellt.
- Es sollten in regelmäßigen Abständen immer wieder **Konferenzzeiten** zur Verfügung gestellt werden, in denen der **interne Austausch der Kollegen im Vordergrund** steht.

4.2 Erstellen bzw. Anpassen der Pläne mit der DVD

4.2.1 Anpassen der Jahresarbeitspläne

Die von uns erstellten Jahresarbeitspläne sind individuell auf unsere Schule und unsere Unterrichtssituation zugeschnitten. Da an jeder Schule unterschiedliche Lehrwerke und Methoden genutzt werden, sind sie nur bedingt auf Ihre Schule übertragbar. Durch die vorgegebene Struktur der Jahresarbeitspläne ist es Ihnen aber leicht möglich, sie an Ihren Bedarf anzupassen. Die beiliegende **DVD** enthält die dafür nötigen Raster im Format Word 2003. Sie können dort jedes Feld neu beschriften und verändern oder ggf. die ursprüngliche Form übernehmen. Ihre geänderte Version des Jahresarbeitsplans speichern sie ganz normal ab und können sie dann zu einem späteren Zeitpunkt erneut anpassen. Da es sich um ein Word-Dokument mit einer Tabelle handelt, können sich dabei allerdings Verschiebungen im Tabellengitter ergeben, die Sie wiederum anpassen müssen. Je nach Umfang Ihrer Änderungen kann es einfacher sein, einen neuen Plan anzulegen.

4.2.2 Ableitung der Teilarbeitspläne

Tipp: Wenn Sie die Teilarbeitspläne vervielfältigen, ist es am einfachsten, sie einmal auf normales, weißes Papier auszudrucken und sie dann auf dem Kopierer auf farbiges Papier zu kopieren. Daher sind die Pläne auf der DVD auch nicht farbig angelegt.

Aus Ihrem individuell erstellten Jahresarbeitsplan können Sie im nächsten Schritt nun die Teilarbeitspläne ableiten. Zu jeder Farbebene gibt es einen Teilarbeitsplan, der den im Jahresarbeitsplan nur grob dargestellten Lernbereich weiter untergliedert. Hier legen Sie alle verbindlichen Themen und Materialien fest, die die Kinder bearbeiten sollen. Hier können Sie dann auch ganz konkrete Materialien eintragen, die die Kinder bearbeiten sollen. Somit wird sichergestellt, dass den Kindern diejenigen Materialien zur Verfügung stehen, mit denen sie die für diesen Lernbereich festgelegten Lernziele erreichen können. Darüber hinaus haben wir immer eine gewisse freie Auswahl weiterer Arbeitsmaterialien zugelassen, die auch sehr gerne von den Kindern zur Vertiefung und zur eigenen Schwerpunktsetzung genutzt wird. Für die Bearbeitung dieser Materialien sehen Sie in den Teilarbeitsplänen leere Kästen vor, die die Kinder dann selbst mit der Nummer des bearbeiteten Materials beschriften. Die Teilarbeitspläne sollten so übersichtlich gestaltet sein, dass die Anforderungen für die Kinder leicht ersichtlich sind. Auch die **Teilarbeitspläne** sind als Word-2003-Dokumente auf der **DVD** hinterlegt und können von Ihnen beliebig in **Word** geöffnet, bearbeitet und angepasst werden. Sie können hier jederzeit Text, Bilder oder Kästchen ergänzen oder löschen. Auch eigene Materialien und Symbole, die Sie verpflichtend eintragen möchten, lassen sich einfach einfügen. Auf Grund von unterschiedlichen Programmversionen oder von Bearbeitungen Ihrerseits kann es in den Jahres- und Teilarbeitsplänen zu Verschiebungen kommen. Diese müssen Sie dann ggf. selbst anpassen.

4.2.3 Struktur der Teilarbeitspläne

Das Fach **Deutsch** in den Teilarbeitsplänen umfasst auch Teilbereiche des **Sachunterrichts**. Denn der Lernbereich Sachunterricht beinhaltet viele Fertigkeiten, wie Informationsbeschaffung aus Texten, Verfassen eigener Texte usw., und überschneidet sich somit mit den Lernbereichen des Faches Deutsch. Wichtig ist natürlich, dass dem Entdecken und Forschen im Sachunterricht in den gebundenen Stunden zusätzlich Raum gegeben wird (siehe dazu Kapitel 4.9). Sie können den Kindern aber natürlich auch in jedem Teilarbeitsplan Raum zum Experimentieren einräumen, z.B. durch eine Experimentierecke oder das Experiment der Woche.

Die Teilarbeitspläne **Mathematik** haben wir davon getrennt aufgeführt, da die Kinder hier an Stelle von drei Bereichen sechs bearbeiten müssen. Daher sind die einzelnen Teilarbeitspläne nicht so umfangreich wie die drei sprachlichen Bereiche. Aus diesem Grunde können sich die Kinder in unterschiedlichen Farbbereichen befinden.

Alle Teilarbeitspläne vom 1. bis zum Ende des 4. Schuljahres haben immer wiederkehrende Strukturen:

- Es werden immer wieder die **gleichen Symbole** verwendet.
- Es gibt immer einen Anteil von **festen Pflichtaufgaben**, um abzusichern, dass die Kinder bestimmte Lernziele erreicht haben.
- Neben den Pflichtaufgaben gibt es immer ein Grundangebot der **freien Wahl**.
- Der **Professor** taucht ab der 2. Lernstufe auf und regt die Kinder immer wieder zu eigenen Fragestellungen an.

- Die Kinder **malen immer Erledigtes** in ihren Teilarbeitsplänen **an**. Wenn ein Teilarbeitsplan abgeschlossen ist, wird die entsprechende Farbe im Jahresarbeitsplan angemalt, den die Kinder schwarz/weiß in ihrem Lerntagebuch haben.
- Jeder Plan enthält **Startdatum** und **Zieldatum**.

Bei Wahlaufgaben tragen die Kinder die Nummer des Materials ein und färben das Feld nach Abschluss der Arbeit.

4.3 Wie bereite ich die Kinder vor?

Das Zusammenleben und Lernen in der Schule muss gelernt und geübt werden. Gerade das selbstständige Arbeiten und das individuelle Voranschreiten in den Jahres- und Teilarbeitsplänen erfordern von den Kindern verstärkt **persönliche und methodische Kompetenzen**. So lernen sie in einem hohen Maße, im Laufe der Zeit immer mehr Verantwortung für sich und andere zu übernehmen, sich gegenseitig Hilfestellungen zu geben und Hilfe anzunehmen. Hierdurch werden sie in ihrem Selbstwert und in ihrer Mündigkeit gestärkt.
Damit soziales und fachliches Lernen stattfinden kann, ist es wichtig, mit den Kindern **Regeln** zu erarbeiten. Dazu gehören beispielsweise Arbeitsruhe und Rücksichtnahme, Gespräche über gute Hilfestellungen, die das andere Kind weiterbringen, aber auch der Umgang mit eigenen Stärken und Schwächen und denen der anderen. Besonders viel Wert legen wir darauf, dass sich kein Kind über ein anderes Kind lustig macht, sondern dass sie sich mit Wertschätzung begegnen. Im folgenden Kapitel wollen wir Ihnen die wichtigsten Arbeits- und Sozialformen vorstellen, die sich bei uns bewährt haben und die für die selbstständige Arbeit der Kinder mit den Plänen wichtig sind.
Wenn Sie mit ihrer Klasse anfangen wollen, erstmalig an den Plänen zu arbeiten, sind den Kindern größtenteils das Material sowie auch die Arbeits- und Sozialform unbekannt. Deshalb ist es am sinnvollsten, in **kleinen Etappen** zu starten. Die folgenden Unterpunkte bilden die Grundlage für eine ruhige, entspannte und sinnvolle Arbeit in der Freiarbeit. Denn nur, wenn den Kindern diese Verfahrenstechniken in Fleisch und Blut übergegangen sind, sind Sie als Lehrer auch wirklich entlastet und haben Ruhe und Zeit, sich individuell um einzelne Schüler zu kümmern.

4.3.1 Heranführung an das Material

Am besten führen Sie täglich je nach Umfang des Materials ein bis drei Arbeitsmaterialien ein und lassen die Kinder anschließend in Kleingruppen oder Partnerarbeit mit dem Material arbeiten. Danach tragen Sie anfangs mit den Kindern gemeinsam das bearbeitete Material in den entsprechenden Teilarbeitsplan ein, indem Sie die Nummer des Materials in ein Kästchen eintragen und es anschließend anmalen. Wenn dieser Ablauf den Kindern geläufig ist, können Sie anfangen, die Materialauswahl weiter zu öffnen, ohne jedes Material einzeln eingeführt zu haben. Viele Materialien sind auch selbsterklärend und bedürfen keiner Einführung durch die Lehrkraft. Bei komplexeren Materialien geben wir zwei oder drei Kindern vorab eine Einführung und lassen sie anschließend ihre Arbeit und den Umgang mit dem Material im Reflexionskreis vorstellen. Anschließend zeigen die Kinder, an welcher Stelle im Regal das Material zu finden ist. Nun können sie sich als Experten für das Material ausweisen lassen, s. **DVD, TR 3.**

Im Reflexionskreis können die „Experten" neues Material vorstellen.

4.3.2 Einführung der Experten

Sicher ist Ihren Kindern die Nutzung von Experten schon aus der Werkstatt- und Stationsarbeit bekannt. Wenn ein Kind eine Arbeit richtig bearbeitet und somit verstanden hat, wird es für dieses Material der Experte. Es besteht auch die Möglichkeit, im Vorstellkreis den Umgang mit den Arbeitsmaterialien von den Kindern erklären zu lassen. Die Materialien können mit kleinen Schildern versehen werden, auf die die Experten ihren Namen schreiben können, damit auch nach ein paar Wochen noch erkennbar ist, wer der Ansprechpartner für dieses Material ist. Wenn die Namen mit Bleistift oder abwaschbarem Folienstift geschrieben werden, können die Experten auch von Zeit zu Zeit getauscht werden.

Tipp: Wichtig ist, dass Sie als Lehrer Kinder mit Fragen zum Material auch wirklich an die Experten weiterleiten, damit das Helfersystem auch angenommen wird!

4.3.3 Was ist „gute Hilfe"?

Dieses Thema sollte in den Reflexionskreisen immer wieder aufgegriffen werden. Denn oft reicht die Geduld des Partners oder Helferkindes nicht aus, abzuwarten, bis das andere Kind wirklich selbst auf die Lösung gekommen ist. Die Kinder müssen sich darüber im Klaren sein, dass ein vorgesagtes Ergebnis dem Partner nicht hilft, sondern im Gegenteil ihm schadet. Nur wenn die „gute Hilfe" geübt und besprochen wurde, können die Kinder sinnvoll ihre Experten- oder Patenschaften ausüben, s. **DVD, TR 2.**

Richtig Hilfestellung zu leisten, will gelernt sein!

4.3.4 Der Umgang mit der Selbstkontrolle

Da viele Materialien durch eine implizierte Selbstkontrolle von den Kindern eigenständig überprüft werden können, geben wir als Lehrer ein Stück weit die Verantwortung und die Kontrolle an die Kinder ab. Wichtig ist es auch hier, mit den Kindern genau zu thematisieren, warum Sorgfalt und eine ehrliche Kontrolle für sie wichtig sind.

- Was passiert, wenn ich nicht ordentlich kontrolliere?
- Wann kann ich nur Lernfortschritte machen?
- Wenn ich sehe, dass jemand nicht richtig kontrolliert, wie kann ich ihm helfen?
- Warum ist es wichtig, meine Fehler zu erkennen?

usw.

Trotz intensiver Gespräche im Reflexionskreis müssen Sie als Lehrer natürlich dafür Sorge tragen, dass das Material sinnvoll genutzt wird. In der Regel sind es aber pro Klasse nur eine Handvoll **Kinder, die immer wieder versuchen, sich durchzumogeln**, indem sie sich zu leichtes Material nehmen oder bei der Kontrolle nicht genau genug sind. Bei diesen Kindern hat sich bei uns bewährt, sich in regelmäßigen Abständen immer wieder die Arbeitsergebnisse zeigen zu lassen und ihnen durch diese individuellere Betreuung einen festeren Lernrahmen anzubieten. Wichtig ist auch, sich immer wieder Zeit zu nehmen, um mit einem einzelnen Kind zu besprechen, was es sich sinnvolles für den Tag vornehmen möchte. Eine weitere Möglichkeit besteht darin, diese Kinder zu Beginn der Freiarbeit zu sich zu rufen, mit ihnen gemeinsam in ihre Teilarbeitspläne zu schauen und ihnen dann zwei geeignete Materialien zur Auswahl zu stellen. Manche Kinder sind anfangs noch damit überfordert, aus dem gesamten Angebot auszuwählen. Mit der Reduzierung des Angebots auf zwei oder später auch drei oder vier Materialien lernen sie, besser mit dieser Freiheit umzugehen.

4.3.5 Arbeitsruhe

Nur wenn während der Freiarbeit eine gute Arbeitsruhe herrscht, kann auch produktiv gearbeitet werden. Wir haben in unseren Klassen verschiedene Möglichkeiten gefunden, um die nötige Ruhe herzustellen.
Besonders wichtig ist vor allem, dass das Thema Arbeitsruhe im **Reflexionskreis** immer wieder aufgegriffen und besprochen wird. Zusätzlich müssen die Kinder durch

Arbeitsruhe ist wichtig und tut gut! – Das ist in der Freiarbeit immer wieder ein Thema für den Reflexionskreis.

viele verschiedene **Übungen** die Gelegenheit haben, Ruhe als etwas Positives zu erleben. Dies kann durch Lauschspiele, Fantasiereisen, Malen zu beruhigender Musik etc. erreicht werden. Auch das aus der Montessori-Pädagogik stammende „Gehen auf der Linie" ist bei den Kindern sehr beliebt. Sicherlich kennen Sie auch eine Vielzahl von Übungen und Spielen, bei denen die Kinder zur Ruhe kommen können. Aus dieser angenehmen Erfahrung heraus erleben die Kinder auch die Arbeitsruhe als etwas Positives und fordern sie auch bei ihren Klassenkameraden ein. Sicherlich ist dieser Weg zeitintensiv, aber sehr ertragreich, wenn die Kinder den positiven Aspekt des ruhigen Arbeitens entdeckt und für sich verinnerlicht haben.

Weitere Möglichkeiten gibt es natürlich in der Form von individuellen **Belohnungssystemen**:

- **Lärmampel:**
  In einer Klasse arbeitet die Lehrerin mit einer Lärmampel, die man individuell auf die nötige Dezibelzahl einstellen kann. Das Schöne an der Ampel ist, dass sie neutral ist und Kinder durch ein kurzes akustisches Signal ermahnt. Ein Belohnungssystem kann hier z.B. Folgendes sein: Schafft die gesamte Klasse es, dass die Ampel weniger als 3-mal in einer Stunde auf rot schaltet, so erhält die Klasse einen grünen Punkt. Andernfalls erhält sie einen roten Punkt. Am Ende der Woche darf die Klasse sich ein Spiel aussuchen, wenn die grünen Punkte überwiegen.

- **Leisesterne:**
  Eine andere Form der individuellen Verstärkung sind Leisesternchen, die nach einer Doppelstunde an jedes Kind verteilt werden, welches ruhig und konzentriert gearbeitet hat. Hat ein Kind neun Sternchen, kann es sich an einem Tag seiner Wahl hausaufgabenfrei nehmen. Dieses Modell ist besonders vorteilhaft für Kinder und Eltern, um an stressigen Nachmittagen einmal die Hausaufgaben weglassen zu können.

- **Leisemuschel:**
  Diese Form der Verstärkung hilft den Kindern, ihre Aufmerksamkeit darauf zu richten, wer besonders ruhig und konzentriert arbeitet. Hierfür verteilt der Lehrer kleine Muscheln an Kinder, die besonders konzentriert arbeiten. Sofort reagiert die gesamte Klasse und reduziert den Geräuschpegel merklich. Am Ende der Arbeitsphase dürfen die Kinder ihre Leisemuscheln mit in den Kreis bringen und werden dadurch nochmal positiv verstärkt. Anschließend sammelt der Lehrer die Muscheln wieder ein.

  Eine weitere Übung dazu ist, dass jedes Kind eine Leisemuschel bekommt, die es im Laufe der Arbeitsphase vor einem Kind seiner Wahl, welches natürlich besonders leise arbeitet, ablegt. Im anschließenden Kreis kann dann nochmal besprochen werden, warum diese Kinder als besonders leise empfunden wurden. Wenn man diese beiden Übungen am Anfang eines Schuljahres regelmäßig macht, stellt man schnell fest, wie sensibel die Kinder anschließend auf Störgeräusche reagieren.

4.3.6 Kommunikation ermöglichen

Da die Kinder gerade in der Freiarbeit oft durch die Arbeit mit einem oder mehreren Partnern in einem regen Austausch miteinander stehen, stören diese Gespräche natürlich die anderen Kinder. Deshalb nutzen wir in diesen Arbeitsphasen den **Flur**, die Bücherei und andere Räume mit, damit die Kinder sich geeignete Arbeitsplätze suchen können. Oft benötigen die Kinder aber auch nur mehr Platz, um z.B. die 1000er-Kette

Wenn Konzentration nötig ist, helfen Lärmschutzkopfhörer.

auszulegen oder ihre Forschermaterialien ausbreiten zu können. Genauso ist es möglich, dass sich Kinder, die besonders viel Ruhe benötigen, mit einem **Lärmschutzkopfhörer** in eine stille Ecke setzen, um dort vollkommen ungestört zu sein.

Aber auch das Verhalten in diesen zum Teil vom Lehrer unbeobachteten Situationen und die damit verbundene Verantwortung der Kinder werden im Reflexionskreis immer wieder besprochen, damit auch in diesen Situationen produktiv gelernt wird.

4.3.7 Verantwortung abgeben

Da die Erziehung zur Selbstständigkeit in diesem Unterrichtskonzept einen sehr hohen Stellenwert einnimmt, ist es wichtig, die Kinder in vielen Bereichen mit einzubeziehen.

Der Material-Regaldienst kümmert sich jeweils um die Materialien in einem Regalboden.

- **Material-Regaldienst:**
  Da in den Regalen viel Material steht, kommt es dort natürlich schnell zu Unordnung. Um das zu vermeiden, bietet es sich an, einen festen Material-Regaldienst einzuführen. Immer zwei Kinder sind für die Ordnung in einem Regal zuständig. Ein Foto der Kinder wird in das Regal geklebt. So ist für die Kinder von Anfang an klar, wer sich um die Ordnung in diesem Regal kümmert. Vor allem zu Beginn des 1. Schuljahres bietet sich die Verwendung der Fotos an, da ja die meisten Kinder noch nicht lesen können. Später könnten diese Schilder durch kleinere Namensschilder ersetzt werden. Die Ordnungsschilder können auch nach einem bestimmten Zeitraum getauscht werden, z.B. immer nach den Ferien.

- **Klassenrat:**
  Das Forum des Klassenrates eignet sich besonders gut, um Verantwortung gezielt an die Kinder abzugeben. Durch die demokratischen Beschlüsse werden vereinbarte Regeln oder Themen, wie Arbeitsruhe, gute Hilfe usw., viel besser angenommen. Oft haben die Kinder auch sehr praktikable Einfälle und gestalten so selbst aktiv ihr Zusammenleben. Da die Beschlüsse protokolliert werden, lassen sie sich gut in der darauffolgenden Woche wieder aufgreifen. Bei uns findet der Klassenrat einmal wöchentlich in allen Klassen statt.[14]

- **Gesprächsregeln:**
  Im Kreis passiert es immer wieder, dass sich Kinder nicht an die Gesprächsregeln halten. Eine direkte Reaktion der Lehrerin stört dann oft den Gesprächsfluss. Deshalb haben sich bei uns die roten und gelben Karten als stummer Impuls bewährt. Stört ein Kind, legt die Lehrerin oder ein anderes Kind eine gelbe Karte vor das Kind. Unterbricht dieses erneut das Gespräch, erhält es die rote Karte, muss den Kreis verlassen und darf erst wiederkommen, wenn es die Gesprächsregeln frei formuliert aufgeschrieben hat.

14 Weitere Informationen zum Ablauf des Klassenrats finden sie auf http://blk-demokratie.de/materialien/demokratiebausteine/programmthemen/klassenrat.html oder bei Blum/Blum (2006).

- **Störprotokolle:**
  Hat ein Kind wirklich massiv gegen eine Regel verstoßen, bekommt es ein Regelverstoßprotokoll, in das es die Regel eintragen muss und verschiedene Fragen zu der Regel und zu seinem Verhalten aufschreiben muss. Unser Anliegen ist es, das Kind zum Nachdenken über die Regel zu veranlassen. Es soll dabei herausfinden, warum es wichtig ist, dass sich alle an diese Regel halten. Nachdem das Kind das Protokoll bearbeitet hat, muss dieses den Eltern zur Kenntnisnahme vorgelegt und unterschrieben werden.

4.3.8 Feste Abläufe schaffen

Um den Kindern einen guten Orientierungsrahmen anzubieten, hat es sich bewährt, mit ihnen feste Rituale zu schaffen.

- Als Erstes wird morgens der **Tagesablauf besprochen** und mit kleinen Bildkarten für die Kinder nachvollziehbar an die Wand gehängt. Gerade Kindern des 1. und 2. Schuljahres fällt es noch schwer, sich ihre Stunden zu merken. Somit schafft der sichtbare Plan Sicherheit, und es entfallen Fragen, wie „Wie lange habe ich heute Schule?“ usw.
- Es hat sich bewährt, möglichst in den ersten beiden oder in der ersten Stunde mit der **Freiarbeit** zu starten, um den Kindern einen sanften **Start in den Tag** und einen festen Arbeitsrhythmus zu ermöglichen.
- Es ist hilfreich, am Anfang der Freiarbeit einen **Reflexionsschwerpunkt** zu setzen, der anschließend besprochen werden kann. Wenn die Kinder während der gesamten Arbeitsphase wissen, worauf sie achten sollen, fällt es ihnen wesentlich leichter, diesen Punkt im Anschluss an die Arbeitsphase zu reflektieren.

Bildkarten für den Tagesablauf helfen besonders den Jüngeren.

Sie haben die Möglichkeit, die Kinder an das Reflektieren heranzuführen, indem Sie ihnen vorgefertigte Satzstreifen mit Reflexionsimpulsen anbieten (Vorlagen s. **DVD**). Diese leiten die Kinder zum einen beim Formulieren an und fordern sie zum anderen dazu auf, in ganzen Sätzen inklusive Begründung zu sprechen.

Tipp: Die endgültige Version des Jahresarbeitsplans hängt bei uns in jeder Klasse in DIN A0 groß an der Wand, damit die Kinder sich jederzeit daran orientieren können oder der Lehrer darauf Bezug nehmen kann.

Der Reflexionskreis diskutiert zielgerichtet anhand von vorab erarbeiteten Reflexionskriterien.

Wenn die Kinder das trainiert haben, sollten Sie dazu übergehen, mal mit und mal ohne Reflexionsstreifen zu arbeiten. Folgende Themen bieten sich an:

- Habe ich das geschafft, was ich mir vorgenommen habe?
- Was habe ich mir heute vorgenommen und warum?
- Wer hat mir heute gut geholfen und warum?
- Ich habe heute Folgendes entdeckt/gelernt.
- Gut gearbeitet hat ..., weil ...
- Wie weit bin ich in meinem Lerntagebuch, und was nehme ich mir für morgen vor?
- Ich bin heute nicht weiter gekommen, weil ... Morgen suche ich mir Hilfe durch ...

Ein Beispiel zum Umgang mit den Reflexionsstreifen finden Sie auf der **DVD, TR 2**.
Es sollten aber auch in regelmäßigen Abständen Vorstellrunden stattfinden, in denen die Kinder die Möglichkeit haben, ihre Arbeitsergebnisse vorzustellen und wertschätzen zu lassen, z.B. durch Lob- und Tipprunden (siehe **DVD, TR 1**). In diesem Rahmen können auch neue Materialien von den Kindern vorgestellt werden.
Wenn die Kinder nach der Freiarbeit in den Kreis kommen sollen, lassen wir ein bestimmtes **Aufräumlied** auf dem CD-Spieler laufen. Die Kinder wissen genau, dass sie während der Dauer des Liedes Zeit zum Aufräumen haben und anschließend in den Kreis kommen sollen.

4.4 Lernstandsfeststellung und Diagnostik in den verschiedenen Fächern

Um jedes Kind entsprechend seinem individuellen Entwicklungsstand fördern zu können, muss man diesen natürlich kennen. Daher ist die Feststellung des Lernstandes in einem individualisierten Unterricht von besonderer Bedeutung. Neben unseren Unterrichtsbeobachtungen und den Erfahrungen in der Arbeit mit den Kindern verwenden wir dafür unterschiedliche diagnostische Verfahren.
Sie dienen uns dazu, unsere Eindrücke und Beobachtungen zu überprüfen und zu erkennen, über welche Fertigkeiten und welches Wissen die Kinder bereits verfügen. Daher finden sie in regelmäßigen Abständen statt. An ihre Ergebnisse passen wir die

Teilarbeitspläne an. Inhalte, die die Kinder bereits beherrschen, werden weggelassen, andere ergänzt. **Diagnosetests** werden bei uns je nach Test mit allen Kindern gleichzeitig **im Klassenverband oder einzeln** geschrieben. Wir Lehrer werten sie dann aus und legen zusammen mit den Kindern den weiteren Lernweg fest. Im Folgenden möchten wir Ihnen einige unserer Diagnoseverfahren vorstellen, die wir für unsere Arbeit als geeignet empfunden haben, wohl wissend, dass es auch andere Möglichkeiten gibt, die diesen Zweck genauso erfüllen.
Die Grafik zeigt Ihnen eine Übersicht darüber, wann bei uns im 1. und 2. Schuljahr welche diagnostischen Tests geschrieben werden. Eine Spalte bedeutet dabei eine Schulwoche.

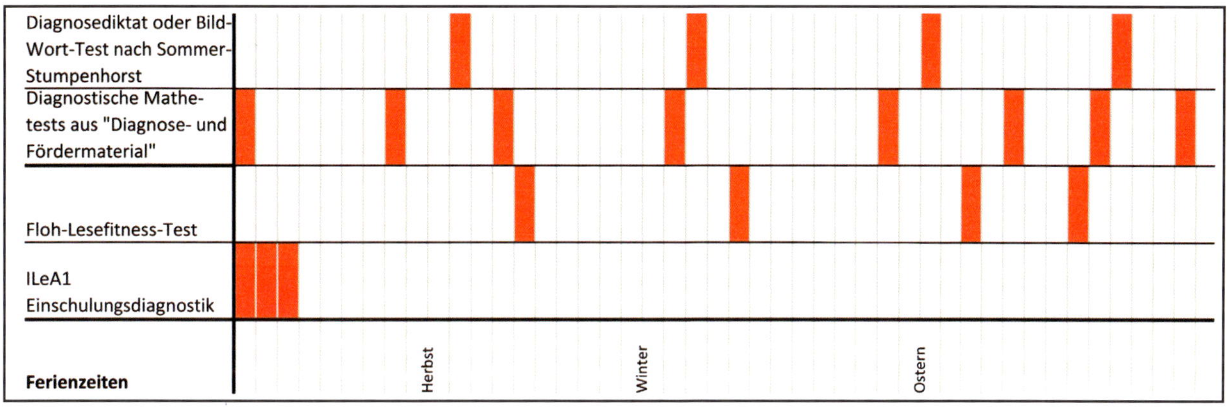

Die Verteilung der diagnostischen Tests über das Schuljahr.

4.4.1 Schuleingangsdiagnostik

In den ersten sechs Wochen nach der Einschulung führen wir mit allen Schulneulingen den vom Landesinstitut für Schule und Medien in Brandenburg entwickelten **ILeA1-Test** durch. Hierbei handelt es sich um eine individuelle Lernstandsanalyse, die alle wichtigen Teilgebiete in Deutsch und Mathematik beinhaltet. So werden die Kenntnisse und Fähigkeiten der Schulanfänger in den Bereichen Buchstabenkenntnis, phonologische Bewusstheit, Ziffernkenntnisse, Mengen erfassen und vergleichen, Reihen fortsetzen und Erfassen von additiven Beziehungen mit und ohne Anschauungsmaterial überprüft. ILeA1 ist so konzipiert, dass er mit der ganzen Klasse oder in Kleingruppen durchführbar ist. An unserer Schule findet die Testung unter Leitung unserer Sozialpädagogin in Kleingruppen statt. Hinterher werten wir die Ergebnisse gemeinsam im Team aus. Auf diese Weise fallen uns Kinder, die schon über sehr fundierte Kenntnisse und Fähigkeiten verfügen oder aber noch Schwierigkeiten mit den geforderten Aufgabenstellungen haben, schon sehr früh auf. So kann der Förderunterricht in phonologischer Bewusstheit und Mengenerfassung bereits in der zweiten Schulwoche starten. Außerdem ermöglicht uns diese Schuleingangsdiagnostik, die Teilarbeitspläne bereits zu Schulbeginn an die individuellen Lernbedürfnisse der Kinder anzupassen.
Falls Sie Interesse an diesem diagnostischen Konzept zur Erfassung der Lernausgangslage haben: Sowohl das Lehrer- als auch das Schülerheft sind auf dem Bildungsserver Berlin-Brandenburg hinterlegt und können dort im Downloadbereich unter *www.bildungsserver.berlin-brandenburg.de* kostenfrei abgerufen werden.

4.4.2 Schreibentwicklung

Bereits wenige Wochen später, kurz nach den Herbstferien, überprüfen wir die Lernentwicklung der Schulanfänger erneut. Im Bereich Deutsch verwenden wir hierzu den **Bild-Wort-Test (BWT) von Sommer-Stumpenhorst**, da wir unseren gesamten rechtschriftlichen Unterricht auf sein Konzept aufbauen. Mit Hilfe des BWT kann die Rechtschreibkompetenz von Kindern in der ersten und bei leistungsschwächeren Kindern auch zu Beginn der 2. Lernstufe überprüft werden. Im Mittelpunkt der Überprüfung steht die Frage, welche Laut-Buchstaben-Zuordnungen von den Kindern bereits beherrscht werden. Der BWT prüft die wichtigsten regelhaften Zuordnungen der deutschen Schriftsprache. Um auch leistungsstarke Schüler erfassen zu können, enthält der BWT auch einige Besonderheiten der Laut-Buchstaben-Zuordnung, die noch nicht zu den Lernzielen der Klasse 1 gehören. Der Test beinhaltet 28 Bilder. Die Kinder sollen darunter die passenden Begriffe schreiben. Die Lehrer übernehmen die Schreibweise der Kinder und geben die Wörter genauso in das dazugehörige Computerprogramm ein. Der Computer wertet das Eingegebene für jedes einzelne Kind aus. Er erfasst genau, wie viele Laute es schon richtig gehört und aufgeschrieben hat. Alle diese Informationen werden in einem Säulendiagramm festgehalten. Grüne Balken stehen für Konsonanten, gelbe für Vokale. Je höher die abgebildete Säule ist, desto sicherer hört das Kind diesen Laut. Laute mit niedriger Säule müssen dann noch besonders trainiert werden. Bei späterer Wiederholung des Tests können die Säulen zweier Überprüfungen nebeneinandergelegt werden. Eine solche Grafik sehen Sie unten auf der Abbildung. Lernfortschritte werden auf diese Weise sehr leicht sichtbar.

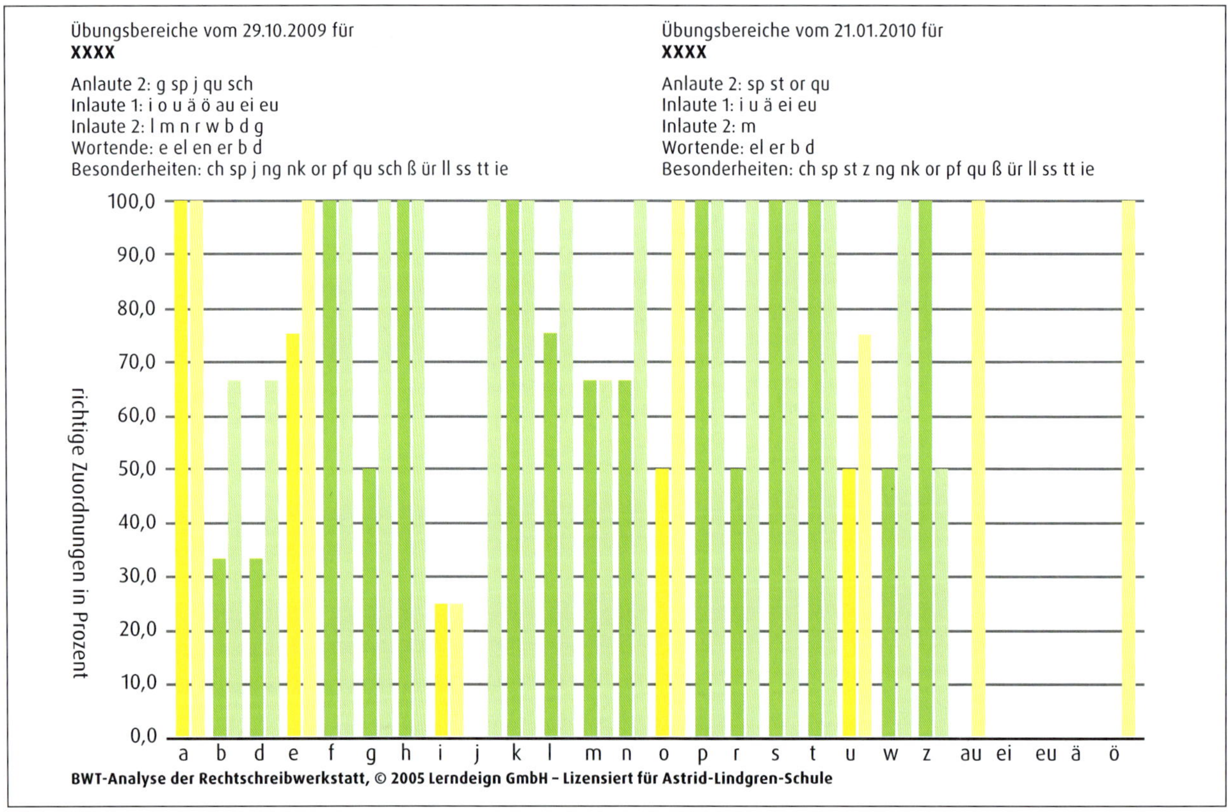

Auswertung eines Bild-Wort-Tests mit Daten für zwei verschiedene Testzeitpunkte.

Nach Auswertung des BWTs besprechen wir mit den Kindern ihren Teilarbeitsplan in Deutsch. Laute, die ein Kind schon sehr sicher hören und aufschreiben kann, werden, soweit sie noch nicht bearbeitet wurden, aus dem Plan gestrichen. Sollten in der Verschriftung der Buchstaben noch Unsicherheiten bestehen, entfällt bei diesen Lauten nur der Bereich des Hörens. Im ganzen 1. Schuljahr wird dieser BWT in regelmäßigen Abständen wiederholt. Der BWT wird ungefähr zu folgenden Zeitpunkten durchgeführt:

1. Kurz vor/nach den Herbstferien
2. Kurz vor/nach den Weihnachtsferien
3. Kurz vor/nach den Osterferien
4. Am Ende der Klasse 1
5. Ggf. zu Beginn der Klasse 2

Tipp: Wenn Sie mit der Bild-Wort-Test-Analyse arbeiten, sollten Sie auf jeden Fall an der rechten Seite des Blattes die geschriebenen Wörter abschneiden, bevor Sie den Kindern die Auswertung mitgeben. Anderenfalls können Sie nicht ausschließen, dass einige Eltern mit ihren Kindern die Begriffe üben und Sie somit beim nächsten Mal ein verfälschtes Ergebnis erhalten.

Da ein und derselbe Test von den Kindern mehrfach im Jahr bearbeitet wird, ist es wichtig, dass Sie das Testblatt nicht mit nach Hause geben.
Die noch nicht sicheren Laut-Buchstaben-Zuordnungen werden in der Auswertung aufgelistet und als Übungen im Arbeitsplan berücksichtigt oder/und im Unterricht durchgeführt. Die Eltern erhalten eine Auswertung in Form eines Säulendiagramms der Tests. Sie erfahren somit detailliert, welche Laut-Buchstaben-Zuordnungen von den Kindern in welchem Umfang beherrscht werden. Wir empfehlen Ihnen, das Blatt mit dem Säulendiagramm mit einem erklärenden Anschreiben den Eltern vorzulegen.

4.4.3 Entwicklung der rechtschriftlichen Strategien

Ab Ende des 1. Schuljahres beginnen wir, die rechtschriftliche Entwicklung der Kinder mit Hilfe von **Diagnosediktaten** zu überprüfen, die die Rechtschreibwerkstatt nach **Sommer-Stumpenhorst** vorsieht. Es wird ein unbekannter Text diktiert, der genau 50 Wörter umfasst. Ab der 2. Lernstufe werden jährlich insgesamt fünf solcher standardisierter Diktate durchgeführt.
Bei der Korrektur geht es uns nicht nur um die Fehleranzahl, sondern vor allem um die Fehlerkategorie. Dies können z.B. immer dieselben Laute sein, die ein Kind verwechselt; oder es unterscheidet noch nicht zwischen Groß- und Kleinschreibung. Auch wenn in einem Wort mehrere Fehler enthalten sind, wird jeder Fehler einzeln gezählt. Jede Verschreibung wird ihrer Kategorie zugeordnet, und die Anzahl der Fehler pro Kategorie wird in das zur Rechtschreibwerkstatt gehörige Computerprogramm eingegeben. Der Computer setzt die Eingaben wiederum grafisch um und zeigt eine Lernkurve. Diese Auswertung wird in den Rechtschreibpass eingetragen. Aus dem Pass geht hervor, in welchem Lernbereich sich das Kind befindet und wie der Lernverlauf aussieht. Den Rechtschreibpass drucken wir für die Eltern aus, sodass sie nachvollziehen können, wie die Entwicklung ihres Kindes im rechtschriftlichen Bereich verläuft.
Natürlich besprechen wir diese Ergebnisse mit jedem Kind, loben es für seine Fortschritte, legen aber auch den nächsten Übungsbereich fest und notieren ihn zusammen mit dem Kind im Lerntagebuch, im entsprechenden Teilarbeitsplan. Die Diagnosediktate schreiben wir ebenfalls in etwa dreimonatigen Abständen. Weitere Informationen zum Rechtschreibkonzept und den einzelnen Rechtschreibbereichen von Dr. Norbert Sommer-Stumpenhorst finden Sie im Internet unter *www.rechtschreib-werkstatt.de*.
Sollten Sie an Ihrer Schule nicht mit dem Konzept von Sommer-Stumpenhorst arbeiten, können Sie zu Diagnosezwecken beispielsweise auch auf die **Hamburger-Schreibprobe (HSP)** zurückgreifen. Auch sie überprüft die Entwicklung der rechtschriftlichen Strategien eines jeden Kindes. Sie ist ebenfalls für den Einsatz in der gesamten Klasse geeignet und ermöglicht auch die Dokumentation der rechtschriftlichen Entwicklung über mehrere Jahre hinweg. Die Kinder schreiben ebenso die Begriffe zu vorgegebenen Bildern. Im Gegensatz zu dem Konzept von Sommer-Stumpenhorst werden hier nicht die Verschreibungen des Kindes gezählt, sondern die Anzahl der Graphemtreffer, also der richtig zugeordneten Buchstaben. Diese kann man dann entweder im Schülerheft oder aber online auswerten und in ein individuelles Strategieprofil umwandeln. In den Bereichen, in denen die Trefferzahl am geringsten ist, setzt dann die Förderung an. Zu der HSP gibt es ein auf sie abgestimmtes Fördermaterial, mit dem die Kinder dann gezielt an ihren Schwächen üben können. Allerdings ist sie erstmals ab der Mitte der Klasse 1 einsetzbar, sodass Sie Ihre erste Diagnostik erst zum Halbjahr erhalten. Auch hier finden Sie weitere Informationen und die Möglichkeit der Online-Bestellung im Internet unter *www.hsp-plus.de*

4.4.4 Entwicklung der Lesekompetenz

Das Leseverständnis der Kinder diagnostizieren wir zusätzlich zu unseren Unterrichtsbeobachtungen ab dem zweiten Halbjahr des 1. Schuljahres. Hierzu verwenden wir die **Floh-Lesefitness-Tests**. Allerdings führen wir die Tests nicht monatlich, sondern 3- bis 4-mal jährlich durch. Jede Testserie besteht aus einem Verständnis- und einem Tempotest. Somit werden sowohl Leseverständnis als auch Lesegeschwindigkeit überprüft. Die erreichten Punkte werden auf dem Deckblatt notiert, und diese Tests können die Kinder auch mit nach Hause nehmen und dort ihren Eltern zeigen. Durch die Punktevergabe können die Eltern die Fortschritte in der Lesekompetenz ihres Kindes erkennen. Falls Sie sich für das Lesefitness-Programm interessieren und eventuell auch am dazugehörigen Training teilnehmen möchten, finden Sie unter *www.lesefitness.de* alle nötigen Informationen.

In einigen Klassen wird auch der **Stolperwörter-Lesetest** zur Feststellung der Lesefähigkeit verwendet. Hierbei handelt es sich je nach Klassenstufe um 45 bis 60 Sätze, in die ein nicht zum Sinn des Satzes passendes Wort eingeschoben wurde. Die Aufgabe der Kinder besteht nun darin, dieses Wort zu finden und durchzustreichen. Da diese Aufgabe innerhalb eines bestimmten Zeitrahmens erledigt werden muss, erhält der Lehrer auch hier Informationen über Leseverständnis, Lesegenauigkeit und Lesegeschwindigkeit. Um die Daten seiner Klasse mit anderen Normwerten vergleichen zu können, existieren Prozentrangtabellen, mit denen Sie die Leistung Ihrer Schüler vergleichen können. Voraussetzung für den Vergleich ist allerdings, dass Sie den Test zum Ende des Schuljahres schreiben. Das genaue Testintervall für Ihr Bundesland können Sie dem Internet unter *www.wilfriedmetze.de* entnehmen. Dort finden Sie auch die Anleitung zum Test, die Testbogen, deren Auswertungsschablonen und Vergleichstabellen.

4.4.5 Entwicklung mathematischer Fähigkeiten

Auch in Mathematik überprüfen wir in regelmäßigen Abständen die Entwicklung unserer Schüler. Hierzu verwenden wir die Reihe **Diagnose- und Fördermaterial** vom Verlag an der Ruhr. Es besteht aus verschiedenen Mappen für alle Klassenstufen bzw. Zahlenräume bis zu 1 000 000. In jeder Mappe sind mehrere Diagnosebogen zu verschiedenen arithmetischen Themengebieten sowie zum Sachrechnen enthalten. Die Lernstandserhebungen finden im Klassenverband zum selben Zeitpunkt statt. Allerdings ist es häufig so, dass nicht alle Kinder die gleichen Diagnosebogen bearbeiten. Sollten einige Kinder schon weiter bzw. noch nicht so weit sein, erhalten sie natürlich einen Diagnosebogen, der auf ihren Entwicklungsstand abgestimmt ist. Es bietet sich auch an, Kindern, die auffallend stark in Mathematik sind, mehrere der im Schwierigkeitsgrad aufeinander aufbauenden Bogen zu geben, um zu schauen, wie weit sie schon vorangeschritten sind.

Im letzten Jahr hatten wir zwei Erstklässler, die bereits sicher im Tausenderraum rechnen konnten. Mit Hilfe des Diagnosematerials konnten wir schnell feststellen, wo ihre Stärken, aber auch ihre Grenzen lagen. Daraufhin haben wir unser Augenmerk auf die Bereiche gelegt, die sie noch nicht sicher beherrschten, und sie nur noch diese Themengebiete bearbeiten lassen. Auf diese Weise konnten sie sich weiterentwickeln und fühlten sich nicht ausgebremst, weil sie noch zwei Jahre auf ihre Mitschüler warten mussten.

Neben den Diagnose- und Auswertungsbogen enthalten die Mappen auch gezielte Übungen zu allen erhobenen Lernbereichen. Durch eine Kennzeichnung der verschiedenen Bereiche mit Symbolen können die Kinder dann recht selbstständig in den noch zu übenden Lerngebieten trainieren. Indem wir genau hinschauen, über welche Fähigkeiten und Fertigkeiten ein Kind bereits verfügt und in welchen Gebieten es noch Schwächen hat, können wir es gezielt fordern und fördern.

Kinder, die größere Auffälligkeiten in den Diagnosetests und/oder im Mathematikunterricht zeigen, werden bei uns zusätzlich im Förderbereich mit Hilfe der **Diagnosebox Mathematik** vom Schroedel Verlag überprüft. Hier werden die Bereiche Arithmetik, Größen, Geometrie und Sachrechnen detailliert abgefragt. In den ersten beiden Klassenstufen werden zusätzlich die Bereiche Zahlen lesen, schreiben und erkennen, Zahlauffassung, Zahlbeziehungen, Strategien, Rechenoperationen, Problemlösen und automatisierendes Rechnen überprüft. Im Anschluss an die Diagnose stehen auch hier zahlreiche Materialien zum Fördern und vertiefenden Üben zur Verfügung, sodass gezielte Übungen mit in die Teilarbeitspläne einfließen können. Zu beziehen ist die Diagnosebox Mathematik beim Schroedel Verlag. Unter *www.schroedel.de* gibt es auch einige Probeseiten der Box zum Anschauen.

4.4.6 Themenbezogene Lernentwicklung

Neben den oben beschriebenen diagnostischen Verfahren überprüfen wir die Lernentwicklung der Kinder auch **nach Abschluss eines erarbeiteten Themas** in einzelnen Lerngebieten. Im Gegensatz zu den diagnostischen Verfahren sind diese Tests inhaltlich enger gefasst und beziehen sich auf ein bearbeitetes Thema. Da aber auch hier die Entwicklung eines jeden Kindes im Mittelpunkt steht, sind in diesem Falle Lernzielkontrollen, die von allen Kindern zum selben Zeitpunkt mit gleichem Inhalt geschrieben werden, nicht sehr aussagekräftig. Dann würden diese Lernkontrollen Ihnen keinen Aufschluss darüber geben, seit wann das Kind die abgefragten Lerninhalte beherrscht und was es darüber hinaus schon kann. Deshalb schreiben die Kinder sie bei uns, wenn sie ein Thema abgeschlossen haben. Zudem müssten ansonsten Kinder, die im Lernstoff schon weiter vorangeschritten sind, auf die passende Lernzielkontrolle warten. Der Inhalt der Leistungskontrolle entspräche nicht mehr ihrem aktuellen Lernstoff, wenn immer zu festgesetzten Zeitpunkten eine Klassenarbeit oder ein Test mit allen Schülern geschrieben werden würde. Im umgekehrten Falle müsste ein Kind an einer Leistungskontrolle teilnehmen, obwohl es das Lerngebiet vielleicht noch nicht abgeschlossen hätte.

Daher haben wir **themenbezogene Leistungskontrollen** entwickelt, die jedes Kind nach Abschluss eines Themas absolviert. Sie geben Auskunft darüber, wie sicher das Kind in dem erarbeiteten Lerngebiet ist und wo eventuell noch Übungsbedarf besteht. Diese Form der Leistungskontrolle bietet sich vor allem bei Themen an, die Fertigkeiten vermitteln und trainieren. An unserer Schule wenden wir sie beispielsweise in Mathematik beim ersten Rechnen im Hunderterraum an. Wir haben ein Themenheft dazu erarbeitet, und alle Schwerpunkte des Heftes, die auch bei der Lernzielkontrolle abgefragt werden, sind auf das Deckblatt des Heftes notiert. So sind die Zielerwartungen für Eltern und Kinder transparent. Da die Kinder unterschiedlich schnell ein Themengebiet bearbeiten und so zu unterschiedlichen Zeitpunkten die Lernzielkontrolle schreiben, ist es wichtig, dass sie nicht mit nach Hause gegeben wird.

Wenn die Kinder ein **Themenheft** fertig bearbeitet haben, schreiben sie unverzüglich die **passende Lernzielkontrolle**. Wird diese erfolgreich abgeschlossen, bekommt das Kind das nächste Heft. Da die Eltern den eigentlichen Test nicht mit nach Hause bekommen, erhält jedes Kind eine schriftliche Rückmeldung zu dem Test, die Aufschluss darüber gibt, wie das Kind abgeschnitten hat und ob es noch Bereiche gibt, die weiter geübt werden müssen.

Diese **Rückmeldungen** haben wir zu jedem Themenheft standardisiert, um den Zeit- und Arbeitsaufwand möglichst gering zu halten. Das folgende Beispiel zeigt, dass für die Kinder und Eltern ersichtlich ist, welche Bereiche weiter vertieft werden müssen. Durch die Punktzahl erhalten sie auch ein quantitatives Feedback. Das Ausfüllen der Testrückmeldung benötigt meist weniger als eine Minute und ist wirklich gut leistbar.

Hat ein Kind den Test nur teilweise richtig bearbeitet, bekommt es zusätzliches Übungsmaterial in Papierform, oder verpflichtende Materialien aus dem Regal werden in den Teilarbeitsplan eingetragen. Um den Erfolg der zusätzlichen Übungen zu überprüfen, wiederholt es den Test dann noch einmal zu einem späteren Zeitpunkt.

Um eine adäquate Rückmeldung geben zu können, besprechen wir die bearbeiteten Aufgaben im ersten Schritt mit dem Kind, treffen mit ihm eventuell noch Absprachen darüber, mit Hilfe welchen Materials es noch vertiefend üben kann, und tragen die Absprache in das Lerntagebuch verbindlich ein (siehe **DVD, TR 3**). Anschließend notieren wir auf dem Deckblatt des Themenheftes die erreichte Punktzahl sowie die noch zu übenden Schwerpunkte. Diese Rückmeldung ist für die Eltern gedacht. Darüber hinaus haben sie natürlich jederzeit – nach Absprache – die Möglichkeit, die Lernzielkontrollen ihres Kindes bei uns einzusehen.

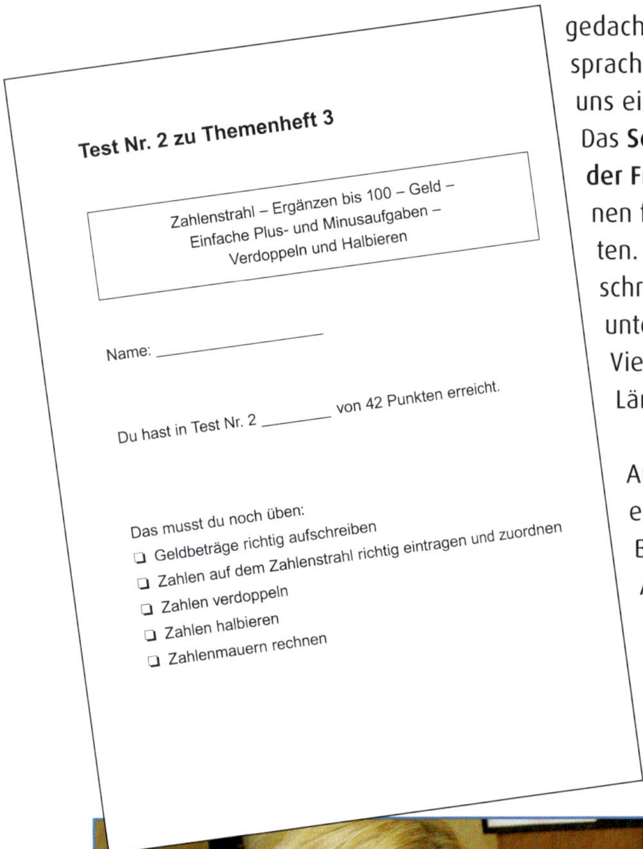

Test Nr. 2 zu Themenheft 3

Zahlenstrahl – Ergänzen bis 100 – Geld – Einfache Plus- und Minusaufgaben – Verdoppeln und Halbieren

Name: ____________

Du hast in Test Nr. 2 ________ von 42 Punkten erreicht.

Das musst du noch üben:
- ❑ Geldbeträge richtig aufschreiben
- ❑ Zahlen auf dem Zahlenstrahl richtig eintragen und zuordnen
- ❑ Zahlen verdoppeln
- ❑ Zahlen halbieren
- ❑ Zahlenmauern rechnen

Das **Schreiben und Besprechen der Tests** findet bei uns **während der Freiarbeit** statt. Die Kinder gehen mit ihren Aufgaben in einen freien Raum und können dort ungestört ihren Test bearbeiten. Sollten mehrere Kinder an einem Tag eine Lernzielkontrolle schreiben müssen, so achten wir natürlich darauf, dass sie an unterschiedlichen Themen arbeiten oder nicht zusammensitzen. Viele unserer Kinder nehmen in diesem Falle gerne einen Lärmschutzkopfhörer mit, um noch ungestörter zu arbeiten.

Auch diese Lernzielkontrollen können Sie natürlich im Sinne einer diagnostischen Erhebung nutzen, indem Sie sie vor der Bearbeitung des Themengebietes schreiben lassen. Nach der Auswertung reduzieren Sie das Themenheft dann auf die noch zu übenden Bereiche. Dieses Vorgehen ist aber nur bei den Kindern sinnvoll, bei denen Sie auch erwarten, dass sie schon Aufgaben lösen können. Anderenfalls würden die Kinder demotiviert, wenn sie einen Test schreiben und kaum eine oder sogar keine Aufgabe lösen können.

Gut gemacht! Wenn ein Kind Lerninhalte sicher beherrscht, kann es bestimmte Aufgaben weglassen.

4.5 Materialausstattung

In diesem Kapitel möchten wir Ihnen Tipps zur Materialausstattung geben und einige Materialien aus Klasse 1 und 2 vorstellen, die sich bei uns in der praktischen Arbeit bewährt haben.

- Eine Möglichkeit, seine Materialauswahl zu erweitern, besteht darin, sie **selbst herzustellen**. In vielen Schulen finden sich häufig auch noch **ältere Materialien**, die in der Form nicht mehr aufgelegt werden, aber trotzdem noch didaktisch sinnvoll einsetzbar sind. Wir möchten Sie ermuntern, Ihre Klassen und Keller nach solchen gut erhaltenen Materialien zu durchstöbern, denn auf diese Weise füllt sich Ihr Materialfundus ganz kostenlos.
- Oft lassen sich auch **Software** oder **Online-Angebote** im Unterricht einsetzen. Bei uns arbeiten die Kinder in allen Teilarbeitsplänen, wie schon erwähnt, auf den Internetseiten *Antolin* und *Mathepirat*.
- Wenn wir besonders **teure Materialien**, z.B. das Goldene-Perlen-Material, angeschafft haben, teilten sich dieses erst einmal zwei Klassen, bis wir in der Lage waren, es noch einmal zu bestellen.

Da viele unserer Materialien selbst hergestellt wurden, können wir Ihnen als **konkrete Empfehlungen** an dieser Stelle nur solche Produkte auflisten, die im Handel erhältlich sind. Aus diesem Grunde ist diese Materialliste als eine exemplarische zu verstehen. Natürlich gibt es auch bei den Produkten im Handel eine Fülle guter und alternativ einsetzbarer Materialien, und wir erheben keinen Anspruch auf Vollständigkeit. Trotzdem hoffen wir, dass Ihnen die hier aufgeführten Vorschläge hilfreich sind, wenn Sie neues Material anschaffen wollen.
Einige der Materialien, wie die Blitzrechenkartei, finden sich in (fast) allen Teilarbeitsplänen wieder. Daher haben wir sie auch in die unterschiedlichen Farbebenen aufgenommen und die jeweiligen Übungen zu dem dazugehörigen Teilarbeitsplan geschrieben. Auf diese Weise wissen Sie, wie wir unsere Karteien aufgeteilt haben.
Da sich der Markt für Schulmaterialien ständig ändert, ist es möglich, dass einige **Materialien** nicht mehr im **Handel** sind. Wir haben sie hier dennoch aufgeführt, damit Sie einen ausführlichen Überblick erhalten. Wenn Sie sich für ein Material interessieren, können Sie ggf. versuchen, es antiquarisch zu erwerben, sollte es nicht mehr regulär erhältlich sein. Um Ihnen die Zuordnung der Materialien zu den verschiedenen Farbebenen zu erleichtern, führen wir sie hier entsprechend nach Klassenstufen, Fächern und Farben getrennt auf.

Gute Materialien – ob selbst erstellt oder gekauft – sind unerlässlich.

1. Lernstufe Deutsch, gelber Plan				
Name des Materials	**Verlag**	**Inhalte/Ziele**	**Merkmale**	**Sozialform/ Fehlerkontrolle**
Domino mit Reimwörter-Bildern	Elke Dieck Verlag Best.-Nr. 220045	Erkennen von Reimwörtern, Erweiterung des Grundwortschatzes	Dominospiel mit Bildern, das die Förderung der phonologischen Bewusstheit durch Reimwortbildung von Anfang an ermöglicht	PA o. EA
Anlaut-Domino	Elke Dieck Verlag Best.-Nr. 220440	Erkennen von Anlauten	Dominospiel zur akustischen Differenzierung des Anlautes, Zuordnung von Laut und Bild	PA o. EA
Was gehört zusammen? Das Anlaut-Memo	Verlag an der Ruhr Best.-Nr. 65004	Erkennen von Anlauten	Memory®-Spiel mit Zuordnung von Laut und Bild + weitere Spielideen	EA, PA o. GA
Janosch ABC-Spiel	Ravensburger Best.-Nr. 24436	Zuordnung von Bild und Anlaut, Groß- und Kleinbuchstaben zuordnen	Legespiel, bei dem jedem Bild der richtige Buchstabe zugeordnet wird	PA o. EA Der Puzzleschnitt ermöglicht die Selbstkontrolle.
Löwenzahn und Pusteblume Materialkoffer	Schroedel Verlag ISBN 978-3-507-40681-0	Anlaute hören: Zuordnung von Bild und Anlaut Anlautdomino Lesekarten Anlaute	Legespiel mit kleinen Kärtchen Dominospiel m. Bildern und Anlauten Klammerkarten	PA o. EA unterschiedliche Möglichkeiten der Selbstkontrolle
Logico Piccolo Leseaufbau 1	Finken Verlag Best.-Nr. 3411	Unterscheiden von An-, End- und Innenlauten, Silben und erste lautgetreue Wörter lesen	Die Karten bestehen aus Übungsserien mit steigendem Schwierigkeitsgrad.	EA Fehlerkontrolle auf der Rückseite
Big Profi	Verlag Otto Heinevetter Lehrmittel Art.-Nr. 4090-6	Unterscheiden von An-, End- und Innenlauten, Förderung von Wahrnehmung und logischem Denken	Die Einlegebogen bestehen aus Übungsserien mit steigendem Schwierigkeitsgrad.	PA o. EA Fehlerkontrolle durch unterschiedliche Zahnung der Teile
Erstes Lesen	Ravensburger Best.-Nr. 24444-7	Festigung der Lautkenntnisse	Zusammenlegen der einzelnen Teile lässt gleichzeitig Wort und Bild entstehen	PA o. EA Selbstkontrolle durch entstehendes Bild
Kunterbunt Fibel CD-Rom	Klett Verlag ISBN 978-3-12-251037-4	Verschiedene spielerische Übungen zur Festigung der Laut-Buchstaben-Zuordnung	Wird am PC gespielt. Die CD-ROM muss eingelegt sein.	EA

1. Lernstufe Deutsch, orangefarbener Plan				
Name des Materials	**Verlag**	**Inhalte/Ziele**	**Merkmale**	**Sozialform/ Fehlerkontrolle**
Sprich genau – Hör genau	Ravensburger Best.-Nr. 24 154 5	Spiel mit Reimwörtern und ähnlich klingenden Wörtern, schult die phonologische Bewusstheit	Es müssen Kartenpaare gefunden werden.	1 bis 6 Spieler
Logico Piccolo Leseaufbau 2 und 3	Finken Verlag Best.-Nr. 3412 und 3413	Erlesen längerer, lautgetreuer Wörter	Die Karten bestehen aus Übungsserien mit steigendem Schwierigkeitsgrad.	EA Fehlerkontrolle auf der Rückseite
Paletti Lesestart bzw. Lese-Hexe	Spectra Verlag Best.-Nr. 901 bzw. 1814	Zuordnung von Wort und Bild	Nachdem ein Wort erlesen wurde, muss die richtige Holzscheibe (farbig) zugeordnet werden.	EA Fehlerkontrolle auf der Rückseite
Logli Kartenspaß Selbstlaute	Loewe Verlag ISBN 978-378554967-4	Nur Bilder mit gleichen Selbstlauten dürfen abgelegt werden.	Kartenspiel, wird nach ähnlichen Regeln wie Mau Mau gespielt.	2 bis 4 Spieler
Mini LÜK Rechtschreibspiele	Westermann Lernspielverlag ISBN 978-3-89414-197-4	Erlesen und Zuordnen von Wörtern	Spiel nach dem bekannten LÜK-Prinzip	EA Kontrolle durch Muster
Abracadabra Lesekarten	Westermann Verlag ISBN 978-3-14-120575-6	Erlesen und Zuordnen von Wörtern	Wörter müssen erlesen werden und die Abbildungen auf dem dazugehörigen Bild gesucht werden.	PA o. EA Fehlerkontrolle auf der Rückseite
Lautgetreue Lesedosen 1–4	Sauros Verlag Best.-Nr. 1120	Die Lesedosen helfen den Kindern, ihre Lesefertigkeiten schrittweise aufzubauen und einzuüben.	Wort-Bild-Zuordnung, ansteigender Schwierigkeitsgrad	PA o. EA Fehlerkontrolle auf der Rückseite
Phonogramm-Dosen	Sauros Verlag Best.-Nr. 1130	Im Unterschied zu den Lesedosen werden hier schwierige Laut-Buchstaben-Verbindungen trainiert (z.B. EU/eu, CK/ck).	Wort-Bild-Zuordnung	PA o. EA Fehlerkontrolle auf der Rückseite

1. Lernstufe Deutsch, roter Plan				
Name des Materials	**Verlag**	**Inhalte/Ziele**	**Merkmale**	**Sozialform/ Fehlerkontrolle**
Die Bilder-Wörter-Sätze-Pyramide	Spectra Verlag Best.-Nr. 719	Verständnis für Satzstrukturen aufbauen, Lesefertigkeiten erweitern	Die Satzteile werden erlesen und passend aneinandergelegt. Es entsteht ein Dreieck.	PA o. EA Fehlerkontrolle durch entstehende Form
1-2-3 Dominocards Lingoplay	Schubi Verlag Best.-Nr. 19773	Genaue Lautanalyse und Lautdurchgliederung von Wörtern	Die Kinder üben, Wörter in Laute zu zerlegen, denn die Anzahl der Laute ist für das richtige Anlegen wichtig.	PA
Mini LÜK Exaktes Lesen	Westermann Lernspielverlag ISBN 978-3-89414-131-8	Leseübungen zum genauen Lesen auf Satzebene	Spiel nach dem bekannten LÜK-Prinzip	EA Fehlerkontrolle durch Muster
Sprachtwist 2 Karten 2.1	Mildenberger Verlag Best.-Nr. 240-11	Fehlende Laute sollen eingesetzt werden.	Wort und fehlende Laute werden durch ein Gummiband miteinander verbunden.	EA Fehlerkontrolle auf der Rückseite
Löwenzahn und Pusteblume Materialkoffer	Schroedel Verlag ISBN 978-3-507-40681-0	Lesekarten auf der Satzebene	Klammerkarten	EA Fehlerkontrolle auf der Rückseite
Regenbogen Lesekiste 1	vpm ISBN 978-3-12-010531-2	40 verschiedene Hefte in fünf Lesestufen	Erste kleine Bücher zum Selberlesen	EA o. PA
Tiere im Zoo	Sauros Verlag Best.-Nr. 4700	Förderung des sinnentnehmenden Lesens, erste kurze Sachtexte	Lese- und Schreibdose; Zuordnen von Wörtern zu Tieren. Die Kinder können ein eigenes Zoobüchlein anfertigen	PA o. EA Fehlerkontrolle auf der Rückseite der Karten
Rätselkarten	Sauros Verlag Best.-Nr. 1100	Training des sinnentnehmenden Lesens durch Rätsellösen, Übung der Groß-/ Kleinschreibung möglich	Den Rätselkarten müssen Bildkarten zugeordnet werden. Rätseltexte in Großbuchstaben oder Groß-/Kleinschreibung	PA o. EA Fehlerkontrolle auf der Rückseite

1. Lernstufe Mathematik, gelber Plan				
Name des Materials	**Verlag**	**Inhalte/Ziele**	**Merkmale**	**Sozialform/ Fehlerkontrolle**
Blitzrechnen Basiskurs Zahlen Kartei – 1. Schuljahr	Klett Verlag ISBN 978-3-12-200901-4	Wie viele? Zerlegen (Plättchen) Immer 10	Der Partner zeigt die Aufgabe seinem Gegenüber, dieser löst die Aufgabe möglichst schnell. Wenn Sie die Karten laminieren, eignen sie sich auch für die EA, und die Kinder können sie mit einem Folienstift beschriften.	PA o. EA Fehlerkontrolle auf der Rückseite, bei der laminierten Variante auch durch den Lehrer möglich
Rabenwerkstatt Differenzierungskartei – 1. Schuljahr	Klett Verlag ISBN 978-3-12-236501-1	Zahlen bis 10 Zerlegen (Schüttelboxen)	Der Partner zeigt die Aufgabe auf der Vorderseite seinem Gegenüber, dieser löst die Aufgabe möglichst schnell. Eine schöne Ergänzung zur Blitzrechenkartei. Auch hier gilt der Tipp, die Karten zu laminieren.	PA o. EA Fehlerkontrolle auf der Rückseite
Das kleine Zahlenbuch – Teil 1	Kallmeyer ISBN 978-3-7800-5237-7	verschiedene Zahldarstellungen, Muster erkennen und nachlegen, Zahlen in der Lebenswirklichkeit finden	Dieses Material ist vor allem für Kinder mit weniger ausgeprägten mathematischen Vorerfahrungen geeignet.	PA o. EA
Das kleine Zahlenbuch – Teil 2	Kallmeyer ISBN 978-3-7800-5239-1	Mengen erfassen, legen und zuordnen	Das Material ist vor allem für Kinder mit weniger ausgeprägten mathematischen Vorerfahrungen geeignet.	PA o. EA
Steckfix Kindergarten-Set	Tandem Verlag, Königswinter Best.-Nr. 1778703	Mengen erfassen, Würfelzahlen erkennen, Vorgänger- und Nachfolger, erste Zerlegungen bis 10	Lernkarten werden in ein Kontrollgerät gesteckt. Farbige Rahmen werden auf das richtige Lösungsfeld gelegt.	PA o. EA Selbstkontrolle durch Farbgebung
Schüttelboxen und -bäumchen	Verschiedene Anbieter	Zahlzerlegung bis 10	Perlen fallen in verschiedene Fächer, Training der Zerlegungsmöglichkeiten einer Zahl.	EA o. PA
Mini LÜK Rechenspiele mit Ernie und Bert	Westermann Lernspielverlag ISBN 978-3-89414-380-0	Mengen erfassen, , erste Rechenaufgaben bis 10 u.a.	Lernspiel mit 12 Plättchen	EA Fehlerkontrolle durch Muster

1. Lernstufe Mathematik, orangefarbener Plan				
Name des Materials	**Verlag**	**Inhalte/Ziele**	**Merkmale**	**Sozialform/ Fehlerkontrolle**
Blitzrechnen Basiskurs Zahlen Kartei – 1. Schuljahr	Klett Verlag ISBN 978-3-12-200901-4	Plusaufgaben bis 10 Minusaufgaben bis 10	Der Partner zeigt die Aufgabe auf der Vorderseite seinem Gegenüber, dieser löst die Aufgabe möglichst schnell. Wenn Sie die Karten laminieren, eignen sie sich auch zu EA, und die Kinder können sie mit einem Folienstift beschriften.	PA o. EA Fehlerkontrolle auf der Rückseite, bei der laminierten Variante auch durch den Lehrer möglich
Rabenwerkstatt Differenzierungskartei 1. Schuljahr	Klett Verlag ISBN 978-3-12-236501-1	Zerlegen mit drei Faktoren Plusaufgaben bis 10 Minusaufgaben bis 10 Gemischte Aufgaben bis 10	Der Partner zeigt die Aufgabe auf der Vorderseite seinem Gegenüber, dieser löst die Aufgabe möglichst schnell. Eine schöne Ergänzung zur Blitzrechenkartei. Auch hier gilt der Tipp, die Karten zu laminieren.	PA o. EA Fehlerkontrolle auf der Rückseite, bei der laminierten Variante auch durch den Lehrer möglich
Die Plus-Pyramide, ZR bis 10 Die Minus-Pyramide, ZR bis 10	Spectra Verlag Best.-Nr. 706 Best.-Nr. 707	Einfache Rechenaufgaben im Zahlenraum bis 10	Lernspiel mit 25, 36 und 49 Elementen, je nach Schwierigkeitsgrad; Aufgaben- und Lösungsplättchen werden aneinandergelegt.	EA o. PA Selbstkontrolle durch Form
Klappenspiel	verschiedene Anbieter	Zahlzerlegung und Additionsaufgaben bis 12	Ein Spieler würfelt mit zwei Würfeln und schließt entsprechend der Anzahl der Würfelaugen die Klappen. Die Augenzahl kann beliebig zerlegt werden.	PA
Rechenboote	*www.zaubereinmaleins.de*	Additions- und Ergänzungsaufgaben bis 10		EA o. PA
Rechendreiecke und Zahlenmauern	*www.mathe-online.at/materialien/christian.nosko/*	Onlineseite mit Additions- und Subtraktionsaufgaben bis 10 auf verschiedenen Anforderungsstufen	Die Aufgaben werden online am PC bearbeitet.	EA

1. Lernstufe Mathematik, roter Plan				
Name des Materials	**Verlag**	**Inhalte/Ziele**	**Merkmale**	**Sozialform/ Fehlerkontrolle**
Blitzrechnen Basiskurs Zahlen Kartei – 1.Schuljahr	Klett Verlag ISBN 978-3-12-200901-4	Zahlenreihe Kraft der 5 Verdoppeln/ Halbieren Plusaufgaben bis 20 Minusaufgaben bis 20 Immer 20	Der Partner zeigt die Aufgabe auf der Vorderseite seinem Gegenüber, dieser löst die Aufgabe möglichst schnell.	PA o. EA Fehlerkontrolle auf der Rückseite
Rabenwerkstatt Differenzierungskartei 1. Schuljahr	Klett Verlag ISBN 978-3-12-236501-1	Zahlen bis 20 Plusaufgaben bis 20 Minusaufgaben bis 20 Plus- und Minusaufgaben bis 20 (gemischt)	Der Partner zeigt die Aufgabe auf der Vorderseite seinem Gegenüber, dieser löst die Aufgabe möglichst schnell.	PA o. EA Fehlerkontrolle
Die Plus-Pyramide bis 20 Die Minus-Pyramide bis 20	Spectra Verlag Best.-Nr. 708 Best.-Nr. 709	Rechenaufgaben im Zahlenraum bis 20	Lernspiel mit 25, 36 und 49 Elementen, je nach Schwierigkeitsgrad; Aufgaben- und Lösungsplättchen werden aneinandergelegt.	EA o. PA Selbstkontrolle durch Form

1. Lernstufe Mathematik, lilafarbener Plan				
Name des Materials	**Verlag**	**Inhalte/Ziele**	**Merkmale**	**Sozialform/ Fehlerkontrolle**
Architecto Teil 1	Huch & friends Best.-Nr. 874078	dreidimensionales Logikspiel, schult Raumvorstellung	Aus verschiedenen geometrischen Bausteinen werden Bauwerke nach Vorlagen errichtet.	PA o. EA Lösungsseiten im Vorlagenbuch
Rabenwerkstatt Differenzierungskartei 1. Schuljahr	Klett Verlag ISBN 978-3-12-236501-1	Geometrie	Der Partner zeigt die Aufgabe auf der Vorderseite seinem Gegenüber, dieser löst die Aufgabe möglichst schnell.	PA o. EA Fehlerkontrolle auf der Rückseite
Logeo ratio	Huch & friends Best.-Nr. 74016	Strategie-, Logik- und Denksportspiel	9 Spielsteine müssen nach den Angaben im Vorlagenheft positioniert werden, dabei ist Kombinieren notwendig; Schwierigkeit ansteigend.	PA o. EA Alle Lösungen stehen hinten im Heft.

1. Lernstufe Mathematik, blauer Plan				
Name des Materials	**Verlag**	**Inhalte/Ziele**	**Merkmale**	**Sozialform/ Fehlerkontrolle**
Rabenwerkstatt Differenzierungskartei 1. Schuljahr	Klett Verlag ISBN 978-3-12-236501-1	Zahlrätsel Plus- und Minusaufgaben in Knobelaufgaben (türkis)	Der Partner zeigt die Aufgabe auf der Vorderseite, der andere löst die Aufgabe möglichst schnell.	PA o. EA Fehlerkontrolle auf der Rückseite
Sudoku junior (gelb)	Coppenrath ISBN 978-3-8157-8097-8	Förderung des strategisch-mathematischen Denkens	40 Zahlenrätsel mit Symbolen sowie den Zahlen 1 bis 4 und 1 bis 6 in drei Schwierigkeitsstufen	EA Fehlerkontrolle auf der Rückseite
Rechendreiecke und Zahlenmauern	*www.mathe-online.at/materialien/christian.nosko/*	Onlineseite mit Additions- und Subtraktionsaufgaben bis 20 auf verschiedenen Anforderungsstufen	Die Aufgaben werden online am PC bearbeitet.	EA
Die Denkschule, 1./2. Schuljahr	Klett Verlag ISBN 978-3-12-199021-4	Spiele, die das logische Denken und das zielgerichtete Probieren und Variieren fördern	Die Denkschule enthält 10 Aufgaben für das 1. Schuljahr mit Spielplänen, Materialien und Anleitungen.	PA o. EA

1. Lernstufe Mathematik, grüner Plan				
Name des Materials	**Verlag**	**Inhalte/Ziele**	**Merkmale**	**Sozialform/ Fehlerkontrolle**
Blitzrechnen Basiskurs Zahlen Kartei – 1. Schuljahr	Klett Verlag ISBN 978-3-12-200901-4	Mini-Einmaleins Vermischte Aufgaben	Der Partner zeigt die Aufgabe auf der Vorderseite, der andere löst die Aufgabe möglichst schnell.	PA o. EA Fehlerkontrolle auf der Rückseite
Rabenwerkstatt Differenzierungskartei 1. Schuljahr	Klett Verlag ISBN 978-3-12-236501-1	Zehnerzahlen bis 100	Der Partner zeigt die Aufgabe auf der Vorderseite, der andere löst die Aufgabe möglichst schnell.	PA o. EA Fehlerkontrolle auf der Rückseite
Mathe Tip A	Finken Verlag Best.-Nr. 1541	Trainieren des automatisierten Rechnens	Eine Kunststoff-Tafel mit herunterdrückbaren Knöpfen. Auf diesen stehen die Rechenaufgaben. Dückt man die Knöpfe runter, scheint das richtige Ergebnis durch die weißen Knöpfe.	PA Selbstkontrolle

2. Lernstufe Deutsch, gelber Plan				
Name des Materials	**Verlag**	**Inhalte/Ziele**	**Merkmale**	**Sozialform/ Fehlerkontrolle**
Wörterzauber	Piatnik Verlag Best.-Nr. 700903	Erkennen von Reimwörtern, Erweiterung des Grundwortschatzes	Auf einer Karte steht ein Begriff, zu dem die Kinder mit einer Buchstabenhilfe Reimwörter finden.	PA o. EA
früh und spät Wortpaare Adjektive	Dieck Verlag Best.-Nr. 120157	Kenntnisse über die Wortart Adjektiv vertiefen durch die Bildung von Gegensatzpaaren	Legespiel, bei dem immer zwei Karten ein Gegensatzpaar bilden	PA o. EA
Wortfelder-Lotto	Dieck Verlag Best.-Nr. 220546	Erweiterung des Grundwortschatzes durch Legen von Wortfeldern	Zu einem vorgegebenen Wort werden weitere zugehörige oder verwandte Wörter gelegt.	PA o. EA Fehlerkontrolle
Drachen ABC	Sauros Verlag Best.-Nr. 1200	Training der Struktur des ABC und der Lesefähigkeit	Bildern werden kleine Texte zugeordnet; mit Kopiervorlagen zum Schreiben.	EA o. PA Fehlerkontrolle
Frag mich!	Klett Verlag ISBN 978-3-12-270079-9	Erarbeitung des Umgangs mit dem Wörterbuch	Verschiedene Aufgaben, die den Umgang mit dem Wörterbuch üben.	EA
Tierisch spannend – Paket 1	Verlag an der Ruhr 6 Sach-Lesehefte ISBN 978-3-8346-0674-7 Sachbuch-Kartei ISBN 978-3-8346-0675-4	Das sinnentnehmende Lesen wird geschult und das sachunterrichtliche Wissen erweitert.	Nach der Lektüre eines Sach-Lesehefts zu einem Tier bearbeiten die Kinder ein Lese-Begleitheft (zwei Schwierigkeitsgrade)	PA o. EA
Füllerführerschein	Verlag an der Ruhr Übungsmaterialien für Scherenmedaille, Farbkastendiplom & Füllerführerschein ISBN 978-3-8346-0479-8	Motorische Übungen zum sauberen Schreiben mit dem Füller	Bevor die Kinder den Füller benutzen dürfen, müssen sie erfolgreich den Füllerführerschein abgeschlossen haben.	EA Selbstkontrolle

2. Lernstufe Deutsch, orangefarbener Plan				
Name des Materials	**Verlag**	**Inhalte/Ziele**	**Merkmale**	**Sozialform/ Fehlerkontrolle**
Paletti Wortarten und Wortfamilien	Spectra Verlag Best.-Nr. 904	Erarbeitung von Wortarten (Nomen, Verben, Adjektiven) und Wortfamilien	Den Aufgabenbogen müssen farbige Holzplättchen zugeordnet werden; steigender Schwierigkeitsgrad.	EA o. PA Selbstkontrolle auf der Rückseite des Bogens
Bildergeschichten	Gibt es in verschiedenen Verlagen	Erarbeitung der Geschichtenkriterien anhand einfacher Bildergeschichten	Schreiben einer Bildergeschichte zu fest zugeordneten Bildern	EA o. PA
Fehler-weg-Trainer	Sauros Verlag Best.-Nr. 1170	Übungen zur Groß- und Kleinschreibung, Dehnungs-h, Doppelkonsonanten und Auslautverhärtung	Die Dosen enthalten verschiedene Übungskarten. Sie bauen aufeinander auf und können methodisch unterschiedlich eingesetzt werden.	EA o. PA Selbstkontrolle
Wortartentrainer 1–3	Sauros Verlag Best.-Nr. 1150	Die Wortartendosen bieten die Möglichkeit, einzelne, bereits erarbeitete Wortarten (Nomen und Artikel, Adjektive, Verben) individuell zu üben.	Die Dosen enthalten verschiedene Wort- und Auftragskarten. Sie bauen aufeinander auf.	EA o. PA Selbstkontrolle
Wortfamilien-Lotto	Dieck Verlag Best.-Nr. 220547	Erweiterung des Grundwortschatzes durch Legen von Wörtern mit gleichem Wortstamm	Zu einem vorgegebenen Wort werden verwandte Wörter gelegt.	EA o. PA Selbstkontrolle
Tierkarteien Mein Meerschweinchen Meine Katze	Sauros Verlag Best.-Nr. 2170, 2160	Das sinnentnehmende Lesen wird weiter ausgebaut und das sachunterrichtliche Wissen erweitert.	Karten mit unterschiedlichen Informationen müssen richtig zugeordnet werden.	EA o. PA Selbstkontrolle
LÜK Papa Molls Lesegeschichten 1–3	Westermann Lernspielverlag Best.-Nr. 240811, 240812, 240813	Erweiterung der Lesefähigkeit	Die Kinder erlesen Lücken oder müssen sich die weitere Handlung erschließen.	EA o. PA Selbstkontrolle durch Muster

2. Lernstufe Deutsch, roter Plan				
Name des Materials	**Verlag**	**Inhalte/Ziele**	**Merkmale**	**Sozialform/ Fehlerkontrolle**
LÜK Kurze Vokale Richtig schreiben Grammatik 2	Westermann Lernspielverlag ISBN 978-3-89414-632-0 978-3-89414-177-6 978-3-89414-836-2	Erarbeitung von Wortarten (Nomen, Verben, Adjektiven) und Rechtschreibregeln	Die Hefte bestehen aus Übungsserien mit steigendem Schwierigkeitsgrad.	EA o. PA Selbstkontrolle durch gelegtes Muster
Das Silben-Puzzlespiel	Der kleine Verlag Best.-Nr. U618	Trainingsprogramm zur Silbentrennung. Es übt Wörter aus dem Grundwortschatz, die häufig falsch geschrieben werden.	Immer zwei Karten ergeben zusammen ein Wort.	EA o. PA Selbstkontrolle
Da lachen ja die Hühner! Tierische Redensarten	Dieck Verlag Best.-Nr. 220807	Kennenlernen von häufig gebrauchten Redensarten und ihrer Bedeutung (Wortschatzerweiterung)	Jede Karte hat eine Redensart auf der Vorderseite und die zugehörige Erklärung auf der Rückseite.	PA Selbstkontrolle
Mein Teekesselchen	Dieck Verlag Best.-Nr. 220249	Erweiterung der Sprachkompetenz durch Wortschatzerweiterung	Ratespiel zu mehrdeutigen Begriffen	EA o. PA Selbstkontrolle
Franz schläft fest Satzbauspiel Subjekt – Prädikat – Adverb	Dieck Verlag Best.-Nr. 220036	Vertiefung des Wissens über Nomen, Verben und Adverbien	Die drei Wortartkarten werden Situationsbildern zugeordnet und bestimmt.	EA o. PA Selbstkontrolle
Fehler-weg-Trainer	Sauros Verlag Best.-Nr. 1170	Übungen zu Dehnungs-h, Auslautverhärtung, Doppelkonsonanten. Die Wortartendosen bieten die Möglichkeit, Rechtschreibregeln individuell zu vertiefen.	Die Dosen enthalten verschiedene Übungskarten. Sie bauen aufeinander auf und können methodisch unterschiedlich eingesetzt werden.	EA o. PA Selbstkontrolle
Klein und Groß	Der kleine Verlag Best.-Nr. U616L	Übungskarten zur Bestimmung der Wortarten Nomen, Verb, Adjektiv	Anfangs werden Einzelkarten bestimmt, später ganze Sätze bearbeitet.	EA o. PA Selbstkontrolle
Lückentextkarten	Sauros Verlag Best.-Nr. 20201	Schulung des sinnentnehmenden und erschließenden Lesens	Die Lücken müssen mit vorgegebenen Wörtern sinnvoll gefüllt werden.	EA o. PA Selbstkontrolle

2. Lernstufe Deutsch, roter Plan				Fortsetzung von Seite 111
Name des Materials	**Verlag**	**Inhalte/Ziele**	**Merkmale**	**Sozialform/ Fehlerkontrolle**
Satzzeichentrainer	Sauros Verlag Best.-Nr. 1180	Die Zeichensetzung wird unter der bildhaften Vorgabe von verschiedenen Gesprächssituationen geübt.	An Satzbeispielen mit wörtlicher Rede üben die Kinder den richtigen Einsatz von Punkt, Ausrufezeichen, Fragezeichen und Anführungszeichen.	EA o. PA Selbstkontrolle
Lesepuzzle Wortschatz Zusammengesetzte Nomen	Schubi Lernmedien Best.-Nr. 13565	Training zu den zusammengesetzten Nomen	Jedes Wort auf der Rückseite der Puzzleteile ergibt zusammen mit einem Wort auf der Grundtafel ein sinnvolles Kompositum.	EA o. PA Selbstkontrolle durch entstehendes Bild

2. Lernstufe Mathematik, gelber Plan				
Name des Materials	**Verlag**	**Inhalte/Ziele**	**Merkmale**	**Sozialform/ Fehlerkontrolle**
Hunderterbrett mit Aufgabenkarten	Montessori Lernwelten Brett Best.-Nr.: 392 Aufgabenkarten Best.-Nr.: 501	Festigung des Zahlenraums bis 100, gute Ergänzung zum gegenständlichen Perlenmaterial	Die Aufgabenkarten mit Legeübungen ergänzen die Arbeit mit dem Hunderterbrett.	PA o. EA Fehlerkontrolle auf der Rückseite
Hunderterkette mit Zahlenpfeilen	Montessori Lernwelten Best.-Nr.: 92	Erlernen des Zahlenraums bis 100, Verständnis für Stellenwerte	Die verschiedenfarbigen Pfeile werden an die Hunderterkette angelegt.	PA o. EA
Blitzrechnen Basiskurs Zahlen Kartei – 2. Schuljahr	Klett Verlag ISBN 978-3-12-200902-1	Welche Zahl? Wie viele?	Der Partner zeigt die Aufgabe auf der Vorderseite seinem Gegenüber, dieser löst die Aufgabe möglichst schnell.	PA o. EA Fehlerkontrolle auf der Rückseite
Rabenwerkstatt Differenzierungskartei 2. Schuljahr	Klett Verlag ISBN 978-3-12-236502-8	Plus u. Minus bis 20 – Wiederholung Wie viele? Welche Zahlen fehlen?	Der Partner zeigt die Aufgabe auf der Vorderseite seinem Gegenüber, dieser löst die Aufgabe möglichst schnell.	EA o. PA Fehlerkontrolle auf der Rückseite, bei der laminierten Variante auch durch den Lehrer möglich
Zahlenstrahl mit Arbeitskartei	*vs-material.wegerer.at/mathe/m_orientierung100.htm*	Festigung des Zahlenraums bis 100	Bei den Aufgaben handelt es sich um Legeübungen.	EA o. PA
Rechenjogging 2 Addition und Subtraktion im ZR bis 100 (bis STOPP)	Dieck Verlag Best.-Nr. 110227	Festigung des Zahlenraums bis 100	Ganz unterschiedliche Übungen zur Zahlenraumerweiterung	EA

2. Lernstufe Mathematik, orangefarbener Plan				
Name des Materials	**Verlag**	**Inhalte/Ziele**	**Merkmale**	**Sozialform/ Fehlerkontrolle**
Die Plus-Pyramide, ZR bis 100 Die Minus-Pyramide, ZR bis 100	Spectra Verlag Best.-Nr. 710 Best.-Nr. 711	Verschiedene Rechenaufgaben im Zahlenraum bis 100	Lernspiel mit 25, 36 und 49 Elementen, je nach Schwierigkeitsgrad. Aufgaben- und Lösungsplättchen werden aneinandergelegt.	EA o. PA Selbstkontrolle durch entstehende Form
Markenspiel mit Arbeitskartei	Montessori Shop Best.-Nr. 3293	Das Markenspiel stellt eine Zwischenstufe zwischen handelndem und schriftlichem Rechnen dar.	Marken für E, Z etc. werden für eine Zahl ausgelegt. Beim Addieren von zwei Zahlen werden die Marken zusammengeschoben. Das Kind zählt nun zusammen, dabei beachtet es den Tausch an der Stellenwertgrenze.	EA o. PA Selbstkontrolle auf der Rückseite der Arbeitskarte
Blitzrechnen Basiskurs Zahlen Kartei – 2. Schuljahr	Klett Verlag ISBN 978-3-12-200902-1	Ergänzen bis 100 Einfache Minus- und Plusaufgaben Zerlegen Ergänzen zum Zehner Zählen in Schritten Vermischte Aufgaben	Der Partner zeigt die Aufgabe auf der Vorderseite seinem Gegenüber, dieser löst die Aufgabe möglichst schnell.	PA o. EA Fehlerkontrolle auf der Rückseite, bei der laminierten Variante auch durch den Lehrer möglich
Rabenwerkstatt Differenzierungskartei 2. Schuljahr	Klett Verlag ISBN 978-3-12-236502-8	Plus und Minus mit Einern und Zehnern Plus und Minus mit zweistelligen Zahlen Zahlenrätsel	Der Partner zeigt die Aufgabe auf der Vorderseite seinem Gegenüber, dieser löst die Aufgabe möglichst schnell.	EA o. PA Fehlerkontrolle auf der Rückseite, bei der laminierten Variante auch durch den Lehrer möglich
Rechenjogging 2 Addition und Subtraktion im ZR bis 100 (bis STOPP)	Dieck Verlag Best.-Nr. 110227	Festigung des Zahlenraums bis 100	Ganz unterschiedliche Übungen zur Zahlenraumerweiterung und zu Addition und Subtraktion	EA

2. Lernstufe Mathematik, roter Plan				
Name des Materials	**Verlag**	**Inhalte/Ziele**	**Merkmale**	**Sozialform/ Fehlerkontrolle**
Blitzrechnen Basiskurs Zahlen Kartei – 2. Schuljahr	Klett Verlag ISBN 978-3-12-200902-1	Einmaleins am Plan	Der Partner zeigt die Aufgabe seinem Gegenüber, dieser löst sie möglichst schnell.	PA o. EA Fehlerkontrolle auf der Rückseite
Rabenwerkstatt Differenzierungskartei 2. Schuljahr	Klett Verlag ISBN 978-3-12-236502-8	Kernaufgaben nutzen und zusammenzählen	Der Partner zeigt die Aufgabe seinem Gegenüber, dieser löst sie möglichst schnell.	EA o. PA Fehlerkontrolle auf der Rückseite
Webers Rechenspiele Das kleine 1 x 1	Günter Webers Lehrmittel GmbH	Automatisierung der Einmaleinsaufgaben	Durch richtiges Errechnen entsteht ein Bild.	PA Selbstkontrolle

2. Lernstufe Mathematik, lilafarbener Plan				
Name des Materials	**Verlag**	**Inhalte/Ziele**	**Merkmale**	**Sozialform/ Fehlerkontrolle**
Architecto Teil 2	Huch & friends Best.-Nr. 874078	dreidimensionales Logikspiel, schult Raumvorstellung	Aus verschiedenen geometrischen Bausteinen werden Bauwerke nach Vorlagen errichtet.	PA o. EA Lösungsseiten im Vorlagenbuch
Rabenwerkstatt Differenzierungskartei 2. Schuljahr	Klett Verlag ISBN 978-3-12-236502-8	Vielfältige Übungen zur Schulung der räumlichen Wahrnehmung	Der Partner zeigt die Aufgabe seinem Gegenüber, dieser löst sie möglichst schnell.	EA o. PA Fehlerkontrolle auf der Rückseite
Spiegeln mit dem Spiegelbuch	Klett Verlag ISBN 978-3-12-199072-6	Wahrnehmungsschulung durch verschiedene Spiegelübungen	Vorgegebene Zielbilder müssen aus einer Startfigur durch geeignetes Anlegen eines Spiegels erzeugt werden.	PA Selbstkontrolle durch Lösungsbogen
Geometrische Körper und Flächen	*www.montessori-shop.de* Best.-Nr. 3202	Erarbeitung von Grundbegriffen zu den geometrischen Körpern und deren Eigenschaften	Die Körper werden Begriffen und vorgegebenen Bildern zugeordnet.	EA o. PA Fehlerkontrolle
Logico Piccolo Geometrie I und II	Finken Verlag Best.-Nr. 3446, 3447	Schulung von Wahrnehmung, Raumvorstellung, Raum-Lage-Beziehung	Unterschiedliche Übungen	EA o. PA Fehlerkontrolle auf der Rückseite

2. Lernstufe Mathematik, blauer Plan				
Name des Materials	**Verlag**	**Inhalte/Ziele**	**Merkmale**	**Sozialform/ Fehlerkontrolle**
Die Euro-Cent-Pyramide, ZR bis 100 Die Uhren-Pyramide	Spectra Verlag Best.-Nr. 735 Best.-Nr. 721	Verschiedene Aufgabenformate schulen den Umgang mit der Zeit und dem Euro.	Die Aufgaben werden gelöst und zu einer Pyramide zusammengesetzt.	EA o. PA Selbstkontrolle durch Form
Abenteuerliche Mathegeschichten 7 verschiedene Hefte	Verlag an der Ruhr ISBN 978-3-86072-756-0 978-3-86072-762-1 978-3-86072-760-7 978-3-86072-758-4 978-3-86072-757-7 978-3-86072-761-3 978-3-86072-759-1	Schulung des sinnentnehmenden Lesens und Auseinandersetzung mit untrainierten Übungsformaten	In kleine Lesegeschichten sind verschiedene Matheknobeleien eingebaut.	EA o. PA
Rechenfuchs Lesen - Nachdenken - Rechnen	Beenen Lehrmittel Best.-Nr. 510-20	Schulung des Errechnens von Sachaufgaben	Kurze Sachaufgaben werden gelöst.	PA o. EA Fehlerkontrolle durch Lösungskarte
Rabenwerkstatt Differenzierungskartei 2. Schuljahr	Klett Verlag ISBN 978-3-12-236502-8	Zahlenrätsel	Knobelaufgaben	EA o. PA Fehlerkontrolle auf der Rückseite
Hunderter- und Tausender-Kette, goldenes Perlenmaterial	*www.montessori-shop.de* Best.-Nr. 3232	Erlernen des Zahlenraums bis 100, Verständnis für Stellenwerte	Verschiedene farbige Pfeile werden an die 1000er-Kette angelegt.	PA o. EA

2. Lernstufe Mathematik, grüner Plan				
Name des Materials	**Verlag**	**Inhalte/Ziele**	**Merkmale**	**Sozialform/ Fehlerkontrolle**
Die Teiler-Pyramide	Spectra Verlag Best.-Nr 714	Verschiedene Aufgabenformate schulen das Automatisieren von Geteiltaufgaben.	Die Aufgaben werden gelöst und zu einer Pyramide zusammengesetzt.	EA o. PA Selbstkontrolle durch Form
Webers Rechenspiele Das kleine 1 : 1	Günter Webers Lehrmittel GmbH	Automatisierung der Geteiltaufgaben	Durch richtiges Errechnen entsteht ein Bild.	PA Selbstkontrolle
Rabenwerkstatt Differenzierungskartei 2. Schuljahr	Klett Verlag ISBN 978-3-12-236502-8	Knobeln: mal und geteilt Einsdurcheins	Mal- und Geteiltaufgaben	EA o. PA Fehlerkontrolle auf der Rückseite, bei der laminierten Variante auch durch den Lehrer möglich

4.6 Wichtige Elemente der Stundenplangestaltung

Wie in Kapitel 4.3.8 bereits beschrieben, ist es sowohl für den Lehrer als auch für die Schüler hilfreich, wenn es zum einen feste Regeln und Rituale und zum anderen einen soweit wie möglich **ritualisierten Tagesablauf** gibt. Beide Bereiche bieten den Kindern Transparenz und Sicherheit.

Wir haben bei uns versucht, soweit das vom Stundenplan her ging, konsequent in allen Klassen in den ersten beiden Stunden mit der Freiarbeit zu starten. Durch dieses **Rhythmisieren** der Unterrichtsstunden entsteht eine sehr angenehme, in allen Klassen ähnliche Arbeitsatmosphäre. Wenn man zwischen 8.15 Uhr und 9.45 Uhr bei uns durch die Schulflure geht, findet man ein lebendiges Schulleben vor, da gerade in der Freiarbeitszeit in allen Klassen die Türen offen gelassen werden. Kinder, die eine Partnerarbeit machen oder viel Platz benötigen, arbeiten im Flur. Ein weiterer Vorteil dieses gemeinsamen Tageseinstiegs mit Freiarbeit ist auch, dass sich andere Klassen nicht von Kindern gestört fühlen, die draußen auf dem Flur arbeiten.

Kinder, die auf dem Flur arbeiten, stören niemanden, wenn in der ganzen Schule in diesen Stunden Freiarbeit stattfindet.

Bei der Gestaltung der Stundenpläne sollten Sie darauf achten, dass **in allen Klassen ähnlich viele Freiarbeitsstunden stattfinden** und diese nach Möglichkeit vom **Klassenlehrer** gegeben werden, da man nur eine gelungene Freiarbeit mit den Kindern erarbeiten kann, wenn man über deren Leistungsstand bestmöglich informiert ist. Das wiederum ist einem Fachlehrer nur begrenzt möglich. Deswegen ist es ebenso wünschenswert, dass die Kernfächer, also Deutsch, Mathematik und wenn möglich auch Sachunterricht, vom Klassenlehrer gegeben werden.

4.6.1 Offener Anfang

Wir starten jeden Morgen mit einem offenen Anfang. Das heißt, dass die Kinder zwischen 8.00 Uhr und 8.15 Uhr in die Klasse kommen und Zeit haben, sich kurz mit der

Lehrerin oder den anderen Kindern zu unterhalten. Kinder, die noch Zeit brauchen, können sich diese nehmen. Kinder, die schnell loslegen wollen, beginnen bereits mit ihrer Arbeit. Damit diese Kinder ihre Arbeit nicht schon nach zehn Minuten wegräumen müssen, bietet es sich zusätzlich an, in den ersten beiden Stunden des Schultages mit der Freiarbeit zu beginnen. Aus unserer Erfahrung heraus lässt sich auch sagen, dass die Kinder in den anschließenden gebundenen Unterrichtsstunden wesentlich aufnahmefähiger sind.

4.6.2 Teamsitzungen

Entscheidend für die Qualität der Arbeit einer Grundschule und die systematische Schulentwicklung ist die professionelle Kooperation der Lehrer. Sie sind gemeinsam für die Regeln, Rituale, Arbeitsweisen und die Kontinuität der Unterrichtsarbeit in der ganzen Schule und in allen Klassen verantwortlich. Die pädagogische Führung einer Schule, der kollegiale Diskurs, gemeinsame Fortbildung, die wechselseitige offene Information und die Bereitschaft, den anderen Lehrkräften eines Kollegiums Einblick in den eigenen Unterricht zu ermöglichen, sind Voraussetzungen, die schulische Arbeit nachhaltig zu verbessern.[15]

Daher ist es wünschenswert, dass Parallelkollegen an einem Tag in der Woche zur selben Zeit Schulschluss haben, damit sie im Anschluss daran Zeit haben, sich zusammenzusetzen. Das ist wichtig, da – wie in Kapitel 4.1 bereits erläutert – nur eine kontinuierliche Teamarbeit erfolgreich sein kann. In dieser Zeit können der Lernstoff der Woche, neue Materialien, Lernstandskontrollen und Ähnliches besprochen werden. Sinnvoll wäre auch, wenn Sie sich einen zeitlich festen Rahmen stecken. Wir haben festgestellt, dass wir dadurch, dass wir uns wöchentlich zusammensetzen, mit ca. 45 Minuten sehr gut auskommen.

4.6.3 Besonderheiten der Stundenplangestaltung durch jahrgangsübergreifenden Unterricht

Wenn Sie eine jahrgangsgemischte Klasse haben, werden Sie immer wieder vor dem Problem stehen, dass Sie für bestimmte **Einführungsstunden** nur mit einem Jahrgang arbeiten wollen, da die Thematik für den anderen Jahrgang noch nicht oder nicht mehr relevant ist. Eine Möglichkeit ist es natürlich, nur den betroffenen Jahrgang in den Kreis zu rufen und die anderen Kinder mit einer stillen Arbeit zu versorgen. Leider mussten wir in der Praxis feststellen, dass das nur bedingt befriedigend ist, da es immer wieder zu Störungen kommt. Zum einen ist es für die leise arbeitenden Kinder sehr schwer, wirklich so ruhig zu arbeiten, das man sich im Kreis nicht gestört fühlt; und zum anderen benötigen sie dann möglicherweise doch wieder Hilfe oder Unterstützung und stören damit das Arbeitsgespräch im Kreis.
Wir versuchen deswegen, bei der Stundenplangestaltung darauf zu achten, dass es wöchentlich zwei **Jahrgangsstunden** gibt, in denen der Klassenlehrer bestimmte Inhalte in Ruhe einführen kann. Dafür lassen wir den Sportunterricht jahrgangshomogen stattfinden. Immer zwei Parallelklassen haben gemeinsam Sport, sodass an dem einen Tag der eine Jahrgang und an dem anderen Tag der andere Sport hat. Eine zusätzliche Möglichkeit ist, dass die Parallelkollegen sich absprechen und die Jahrgänge unter sich aufteilen. Natürlich bieten diese Stunden auch die Möglichkeit, Kinder eines höheren Jahrgangs noch einmal an bestimmten Inhalten aus dem Vorjahr teilnehmen zu lassen und umgekehrt.

15 Vgl. Richtlinien und Lehrpläne des Landes NRW.

Materialien, an denen alle Kinder arbeiten können, werden natürlich im Klassenverband eingeführt (siehe **DVD, TR 3**).

In jahrgangsübergreifenden Klassen ist es wichtig, auch einmal mit einer Jahrgangsstufe alleine arbeiten zu können.

4.6.4 Stundenplangestaltung im jahrgangsübergreifenden Anfangsunterricht

Ganz egal, ob Sie eine jahrgangshomogene oder jahrgangsgemischte Klasse haben, gerade in den ersten Wochen ist der **Anfangsunterricht** für die Schulneulinge gewöhnungsbedürftig, da sie erst in das Schulleben hineinwachsen müssen. Alles ist neu, und die Kinder sind noch sehr unselbstständig. Wenn Sie ein reines erstes Schuljahr haben, stellen sich Ihnen bestimmte Probleme natürlich nicht, die in der jahrgangsübergreifenden Schuleingangsphase zwangsläufig auftauchen. Allerdings haben Sie natürlich eine wesentlich höhere Zahl von Schulanfängern, die an die Regeln und Rituale des Schullebens gewöhnt werden müssen. Auch die Unterstützung durch die Zweitklässler entfällt. In einer jahrgangsübergreifenden Klasse aus Erst- und Zweitklässlern wäre es natürlich eine Zeitverschwendung für die Kinder des 2. Schuljahres, sich alle Regeln und Rituale oder anfangsunterrichtliche Inhalte nochmals anhören zu müssen. Deshalb bestellen wir die Kinder in den ersten vier Schulwochen folgendermaßen.

Stundenplan für die 1. Lernstufe in den ersten vier Wochen:

	Montag	Dienstag	Mittwoch	Donnerstag	Freitag
1. Stunde 8.15–9.00 Uhr	✗	✗	✗	✗	✗
2. Stunde 9.00–9.45 Uhr	✗	✗	✗	✗	✗
3. Stunde 10.15–11.00 Uhr	✗	Kunst	✗	✗	✗
4. Stunde 11.00–11.45 Uhr	Förderunterricht Mathematik oder phonologische Bewusstheit	Förderunterricht phonologische Bewusstheit	✗	✗	✗

Stundenplan für die 2. Lernstufe in den ersten vier Wochen:

	Montag	Dienstag	Mittwoch	Donnerstag	Freitag
1.Stunde 8.15–9.00 Uhr				Sport	
2. Stunde 9.00–9.45 Uhr	✗	✗	✗	Sport	✗
3. Stunde 10.15–11.00 Uhr	✗	Kunst	✗	✗	✗
4. Stunde 11.00–11.45 Uhr	✗	Kunst	✗	✗	✗
5. Stunde 12.00–12.45 Uhr	Englisch	✗	✗	Musik	Religion
6. Stunde 12.45–13.25 Uhr		Religion		✗	Englisch

Die Erstklässler kommen von 8.00 Uhr bis 11.45 Uhr und die Zweitklässler von 9.00 Uhr bis zum normalen Schulschluss. Dadurch haben wir die Erstklässler morgens eine Unterrichtsstunde alleine und können **Materialien einführen, Regeln erklären, Laut-, Mengen- und Schreibübungen** machen. Der große Vorteil ist, dass die Lehrkraft in dieser Stunde nur eine halbe Klasse unterrichtet und somit die Kinder sehr intensiv betreuen kann. In diesen Stunden, in denen lediglich ein Jahrgang anwesend ist, können jahrgangsspezifische Materialien vorgestellt und eingeführt werden. Gerade in den Wochen des Anfangsunterrichts wird den Kindern das Material zum Lautieren und für die Schreibübungen immer wieder gezeigt. Es ist sehr wichtig, dass die Kinder die richtige Handhabung des Materials und das Eintragen der Lernergebnisse ins Lerntagebuch lernen, damit sie in der anschließenden selbstständigen Arbeit, auch den richtigen Lernerfolg erzielen. **DVD, TR 3**.

In den anschließenden zwei Stunden helfen die **Paten**, die Zweitklässler, den Erstklässlern bei ihren ersten selbstständigen Arbeiten. Erfahrungsgemäß benötigen die Erstklässler aber nur in den ersten Tagen verstärkt Hilfe, arbeiten dann aber schon sehr eigenständig und eifern ihren Paten nach (siehe **DVD, TR 4**). Ein Unterrichtseinstieg in der Eingewöhnungszeit bis 11.45 Uhr ist für die meisten Erstklässler mehr als ausreichend, da sie nicht daran gewöhnt sind, sich so lange ruhig und konzentriert zu verhalten.

Der Unterricht nach 11.45 Uhr kommt wiederum den Zweitklässlern zugute, da sie ebenfalls nur in einer halben Klassenstärke unterrichtet werden, bis der verkürzte Unterricht für die Erstklässler entfällt.

Falls Sie eine zusätzliche **Förderkraft** oder noch Stunden zur Förderung an Ihrer Schule übrig haben, bietet es sich auch an, bestimmte Zweitklässler in diesen Wochen in der ersten Schulstunde gezielt zu fordern oder zu fördern.

4.6.5 Konkreter Tagesablauf in der Klasse

Wie bereits erwähnt, starten wir morgens mit einem offenen Anfang. Wenn alle Kinder angekommen sind, besprechen wir als Erstes den Tagesplan. Zur Veranschaulichung für die Kinder werden die entsprechenden Symbole aufgehängt.
Da in den ersten beiden Unterrichtsstunden direkt mit der Freiarbeit gestartet wird, können die Kinder bereits während der Zeit des offenen Anfangs in den Regalen stöbern und sich eine Arbeit oder einen Partner aussuchen. Gerade in den Eingangsklassen merkt man, dass die Kinder in den späteren Fachunterrichtsstunden wesentlich aufnahmefähiger sind, wenn sie in den ersten zwei Stunden Freiarbeit hatten. Es ist außerdem sinnvoll, für die Freiarbeit Doppelstunden zu nutzen, da die Kinder immer ein wenig Zeit benötigen, um eine Arbeit auszusuchen und ihren Arbeitsplatz herzurichten. Außerdem sollten die Kinder anschließend die Gelegenheit bekommen, ihre Arbeitsergebnisse vorzustellen oder darüber zu reflektieren. Nach der Freiarbeits- und Pausenzeit haben die Kinder anschließend ihre Fachunterrichtsstunden.

Tipp: Während der Besprechung des Tagesablaufs kündigen wir bereits an, ob wir anschließend einen Reflexions- oder Planungskreis machen oder ob die Kinder Gelegenheit bekommen, ihre Arbeitsprodukte vorzustellen. Natürlich können bei dieser Gelegenheit auch neue Materialien vorgestellt werden (siehe Kapitel 4.3.8).

4.7 Differenzierte Hausaufgaben

Mittlerweile sind selbst in Jahrgangsklassen die Schüler so heterogen, dass gemeinsame Hausaufgaben immer seltener bzw. schwieriger werden. Die Forderung nach individualisierten Hausaufgaben wird immer größer. Deshalb beschäftigt das Thema differenzierte Hausaufgaben zunehmend mehr Schulen und Lehrer.
Aber wie soll ein Lehrer das leisten? Genau diese Frage haben wir uns gestellt, da gerade durch unsere Arbeitspläne und das unterschiedliche Voranschreiten der Kinder uns gemeinsam gestellte Hausaufgaben nicht mehr sinnvoll erschienen.

4.7.1 Hausaufgaben im Fach Mathematik

Im Fach Mathematik ergab sich schnell die Lösung, dass die Kinder in ihren Themenheften täglich eine Seite bearbeiten. Seiten, die einer zusätzlichen Erklärung durch die Lehrkraft bedürfen, wurden von uns mit einem STOPP-Stempel markiert.

4.7.2 Hausaufgaben im Fach Deutsch

Im 1. Schuljahr bearbeiten die Kinder anfangs täglich eine Seite in unserem Lehrwerk „Tinto“. Allerdings verwenden wir davon nur den Buchstabenordner. Dieser bietet sich an, da die Kinder darin von Anfang an selbstständig arbeiten können. Kinder, die nur Anfangslaute hören, bearbeiten die Seiten, die nur die Anlaute fordern. Kinder, die schon über mehr Vorerfahrungen verfügen, können bereits die Seiten mit den Hör- und Schreibübungen bearbeiten.
Anschließend bekommen die Kinder selbst erstellte Themenhefte zum Erstlesen und Erstschreiben und können diese ebenso täglich mit einer Seite bearbeiten.
Spätestens zu Beginn des 2. Schuljahres beginnen wir dann mit dem Schreibschriftlehrgang und anschließenden Deutscharbeitsheften, z.B. dem „Bücherwurm“ oder

Ähnlichem. Auch hier verwenden wir ausschließlich die Arbeitshefte. Auf Grund unserer Materialausstattung benutzen wir kein Sprachbuch, sondern bevorzugen handlungsorientiertes Deutschmaterial.

4.7.3 Abschließende Worte zu dem Thema Hausaufgaben

Diese **klare Regelung**, täglich eine Seite Deutsch und eine Seite Mathe zu bearbeiten, hilft vielen Eltern und Kindern, da somit für jeden Tag klar geregelt ist, was zu tun ist. Diese Regelung kann allerdings den individuellen Fähigkeiten eines Kindes angepasst werden: Durch eine kurze Mitteilung können Eltern ihr Kind davon entbinden, eine ganze Seite zu bearbeiten, wenn das Kind sich z.B. im 1. Schuljahr 20 Minuten konzentriert und angestrengt hat und die Seite zu langwierig oder zu schwierig zu bearbeiten war.
Wir halten diese täglichen Hausaufgaben für sinnvoll, da durch sie die Eltern zusätzliche Einblicke in die erlernten Fähigkeiten ihres Kindes erhalten. Auf dem ersten Elternabend werden die Eltern darauf hingewiesen, dass die Kontrolle der Hausaufgaben in das Aufgabenfeld der Eltern gehört und die Lehrkraft lediglich kontrolliert, ob die Aufgaben erledigt wurden. Natürlich weisen wir die Kinder auf Fehler hin, wenn sie uns bei der Kontrolle auffallen. Eine gemeinsame Hausaufgabenkontrolle kann jedoch nicht stattfinden, da alle Kinder an unterschiedlichen Lerninhalten arbeiten.

Tipp: Meistens schaffen wir es in der Frühstückspause, alle Seiten mit einem Hausaufgabenstempel abzuzeichnen und sparen somit wertvolle Unterrichtszeit ein.

An Tagen, in denen die Kinder längere Zeit beschäftigt sind, ohne dass sie zusätzliche Hilfe von uns benötigen, nehmen wir uns auch länger Zeit und kontrollieren die Hausaufgaben sorgfältig. Somit stellen wir sicher, dass kein Kind seine Hausaufgabenhefte falsch bearbeitet.
Eine andere Möglichkeit besteht darin, dass die Kinder während der Hausaufgabenkontrolle sich schon einmal die Aufgaben für den Tag anschauen. Sie dürfen die Seiten auch beginnen, indem sie von jeder Aufgabenstellung eine Teilaufgabe lösen. Sollten Schwierigkeiten auftreten, haben sie im Anschluss an die Hausaufgabenkontrolle die Möglichkeit, die Lehrerin noch zu fragen und eine Erklärung dazu zu erhalten. Beide Methoden haben sich bewährt, und die Eltern sind damit sehr zufrieden.
Andere Hausaufgaben, z.B. etwas für den Sachunterricht mitbringen, ein Gedicht üben oder Ähnliches, müssen die Kinder sich ggf. merken oder aufschreiben. Natürlich entfällt an den Tagen, an denen die Kinder eine solche Hausaufgabe machen, die tägliche Seite im Deutschheft.

4.8 Elternarbeit

Gerade die Elternarbeit gestaltet sich als sehr **anspruchsvoll**, wenn die Kinder offener und individueller unterrichtet werden. Viele Eltern wünschen sich oft den konkreten **Vergleich** mit den anderen Kindern des Jahrgangs, um ihr Kind klar einschätzen zu können. Zu viel Individualität schafft oft **Unsicherheit**, und diese führt leider nicht selten zu Unzufriedenheit. Eltern fühlen sich dann schlecht beraten und können die enorme Leistung der Lehrkraft, die sich um eine optimale Förderung für das Kind bemüht, nicht würdigen.
Deshalb war es uns ein besonders wichtiges Anliegen, den **Lernweg** der Kinder für die Eltern **transparent** zu gestalten. Durch die Gestaltung der Jahresarbeitspläne legen wir unsere Erwartungen, aber auch die Lernentwicklung während des Schuljahres offen dar. Kinder und Eltern können sie zu jedem Zeitpunkt im Jahr einsehen und nachvollziehen, und dies nicht nur zu den Elternsprechzeiten 2-mal im Jahr. Eine Einschätzung aus Elternsicht finden Sie auf der **DVD, TR 5**.

Natürlich sollten die Eltern sich bereits bei der Einschulung darüber informiert haben, wie die Schule arbeitet, an der sie ihr Kind anmelden. Aber erfahrungsgemäß fehlt ihnen trotzdem die konkrete Vorstellung, wie die tägliche Arbeit ihres Kindes in der Schule genau aussieht.

4.8.1 Erster Elternabend

Am Anfang des Schuljahres steht der erste Elternabend vor der Tür. Bereits am Abend des dritten Schultages laden wir die Eltern zu einer **Präsentation des Konzeptes** ein. Dieser Abend wird von zwei Kolleginnen gestaltet. Sie betreuen die Eltern der Schulanfänger aller vier Klassen. So braucht jede Kollegin nur alle zwei Jahre diesen Abend durchzuführen. Folgende Tagespunkte sprechen wir an diesem Abend mit den Eltern durch:

- Den Eltern wird das **Unterrichtskonzept** vorgestellt.
- Die **Jahresarbeitspläne** und die dazugehörigen **Teilarbeitspläne** werden vorgestellt.
- Wir zeigen den Eltern ein **Lerntagebuch** und die konkrete Arbeit darin.
- Wir erläutern die Handhabung der oben beschriebenen **Hausaufgabenregelung** mit Beispielen zur Durchführung der verschiedenen Übungen.

Kurze Zeit später findet der **erste Elternabend in den Klassen** statt. Hier werden neben den klassenspezifischen Inhalten noch folgende Punkte erwähnt:

- Anbieten einer offenen **Sprechzeit**, das kann z.B. eine Springstunde sein. Natürlich müssen sich die Eltern vorab anmelden, aber sie haben so die Möglichkeit, Sie während des Schuljahrs schnell zu sprechen, und müssen nicht erst umständlich nach einem Termin fragen.
- Angabe einer Zeit für das **offene Klassenzimmer**. Das bedeutet, dass die Eltern z.B. morgens vor Unterrichtsbeginn in das Lerntagebuch oder die Arbeitsmappen ihres Kindes schauen können, um sich über dessen Lernstand zu informieren.

Eltern sind auch ein gern gesehenes Publikum bei Expertenvorträgen.

- Aufforderung der Eltern zur **Mitarbeit** in der Freiarbeit. Dadurch bekommen die Eltern einen Einblick in Ihre Arbeit, und Sie erhalten wertvolle Unterstützung, z.B. durch Leseeltern, die mit den Kindern in Kleingruppen Literatur lesen, Sie in der Freiarbeit unterstützen oder Ähnliches.
- Anbieten der Möglichkeit, in der Freiarbeitszeit zu **hospitieren**. Nach unseren Erfahrungen sind die Eltern sehr angetan von dem Angebot und positiv überrascht, wie konzentriert die Kinder arbeiten, obwohl viele Unterschiedliches bearbeiten.

4.8.2 Elternsprechtage

Wir nutzen die Lerntagebücher als Leitfaden für den Elternsprechtag. In ihnen lässt sich konkret ablesen, wie viel das Kind bereits von seinem Jahrespensum bearbeitet hat. Gerade diese Transparenz verdeutlicht den Eltern bereits auf dem ersten Elternsprechtag, ob ihr Kind gut mitkommt. Natürlich werden den Eltern auch weitere Lernstandsüberprüfungen vorgelegt, z.B. die Mathetests, die Diagnosen aus der Rechtschreibwerkstatt oder Geschichtenbewertungen.

4.9 Lernbereiche integrieren, die die Freiarbeit nicht abdeckt

Wenn Sie Ihre Jahresarbeitspläne und die dazugehörigen Teilarbeitspläne erstellt haben, ist es nochmals erforderlich, einen **Abgleich der Pläne mit den Richtlinien und Lehrplänen** Ihres Bundeslandes vorzunehmen, um **Kompetenzen, die nicht in der Freiarbeit erworben werden können**, durch den gemeinsamen Unterricht in den gebundenen Stunden abzudecken. Ihr besonderes Augenmerk sollten Sie dabei auf die Lernziele legen, die fast ausschließlich durch **gemeinsames Reflektieren** erworben werden können oder die sich organisatorisch für eine Thematisierung mit der gesamten Lerngruppe anbieten. Die Weiterentwicklung von Gesprächsritualen und -strukturen, an denen die Kinder sich orientieren und weiterentwickeln können, spielt dabei, losgelöst von den einzelnen Fächern, eine wichtige Rolle. In den Ihnen verbleibenden gebundenen Stunden sollten Sie auf das Trainieren von Fertigkeiten verzichten und dafür das problemorientierte Lernen in das Zentrum des Unterrichts stellen. Hierzu im Folgenden einige Beispiele aus den Fächern.

- **Deutsch:**
  Im Fach Deutsch ist es besonders wichtig, die Kinder **über Sprache und Sprachgebrauch nachdenken** zu lassen. Gerade die Auseinandersetzung mit Literatur regt die Kinder dazu an, zu Gedanken, Handlungen und Personen Stellung zu nehmen, innere Vorstellungsbilder zu entwickeln und Vermutungen über den weiteren Fortgang zu äußern. Des Weiteren sollten sich die Schüler über Texte beraten, Schreibsituationen klären und diese beim Schreiben beachten. In anschließenden **Schreibkonferenzen** sollen sie ihre Texte in Bezug auf die äußere Gestaltung, die Sprache und die orthografische Richtigkeit hin optimieren.

- **Mathematik:**
  In Mathematik gilt es, die Schüler eigene **Überlegungen zu mathematischen Sachverhalten** anstellen zu lassen. Sie sollen lernen, Zusammenhänge nachvollziehbar zu begründen und Aufgaben kreativ zu bearbeiten.
  Substanzielle Aufgabenformate haben deswegen eine zentrale Bedeutung im Mathematikunterricht. Sie beinhalten differenzierte Fragestellungen auf unterschiedlichem Niveau, ermöglichen verschiedene Lösungswege und fordern vielfältige Formen des Kreativseins, Mathematisierens, Begründens, Darstellens und Kooperierens heraus.

- **Sachunterricht:**
  Im Sachunterricht sollen Zugänge zu zentralen Fragestellungen in naturwissenschaftlichen, technischen, sozial-historischen oder ökonomischen Bereichen entwickelt werden. Bewusstes Wahrnehmen, Beobachten, Beschreiben, Bestimmen, Untersuchen, Auswerten und Dokumentieren von Phänomenen soll geschult werden, deshalb steht das **wissenschaftsorientierte Lernen** im Vordergrund. Dass **projektorientiertes Arbeiten** und das **Einbeziehen außerschulischer Lernpartner** sich hierfür anbietet, versteht sich von selbst.

- **Soziales Lernen:**
  Aber auch den Erziehenden Unterricht würden wir gerne an dieser Stelle kurz erwähnen. Denn nur durch das bewusste, **tägliche Üben von Regeln und Ritualen**, das gemeinsame Planen und das wöchentliche Abhalten des Klassenrats werden soziale Verantwortung sowie Kommunikations- und Teamfähigkeit weiter entwickelt und geschult.

Wichtige Abkürzungen, Begriffe und Symbole

BWT	Bildworttest, standardisierter Test aus dem Programm der Rechtschreibwerkstatt, der prüft, welche Laut-Buchstaben-Zuordnungen von den Kindern bereits beherrscht werden. Der Test wird mehrfach wiederholt, anhand eines dazugehörigen Computerprogramms kann so die Entwicklung der Kinder gut dokumentiert und diagnostiziert werden.
Dialogblatt	Formular für schriftliche Mitteilungen an die Lehrer, z.B. über Probleme, Themenwünsche, Ideen etc.
Feedbackbogen	Rückmeldebogen über das Arbeits- und Sozialverhalten während der Freiarbeit. Wird nach Beendigung eines Teilarbeitsplans von Schüler und Lehrer ausgefüllt.
Forscherplakate	Lerndokumentation, die die Kinder zu selbst gewählten und eigenständig erarbeiteten Themen erstellen.
Freiarbeit	Eine möglichst rhythmisierte Lernzeit, in der die Schüler im Rahmen einer vorbereiteten und auf ihre Lernausgangslage abgestimmten Lernumgebung Raum für eigene Entscheidungen bekommen, z.B. hinsichtlich der Methoden, der Raumwahl, der Sozialform und des Lerninhalts.
gebundene Stunden	Unterrichtsstunden außerhalb der Freiarbeit, in der die Klasse Fachunterricht hat oder an einem gemeinsamen Thema arbeitet.
HSP	Hamburger Schreibprobe; mittels standardisierter Testbogen werden die Rechtschreibkompetenzen der Kinder ermittelt.
HSS	Hör-, Schreib- und Sehpass, ein Heft mit Protokollbogen für die Erarbeitung der Buchstaben im Anfangsunterricht.
ILeA1	Lernstandsanalyse für Schulanfänger für Deutsch und Mathematik.
Jahresarbeitsplan	Übersichtsplan, der alle wichtigen Inhalte für ein Schuljahr enthält, ebenso wie verpflichtende Materialien, die in allen Klassen parallel zum Einsatz kommen. Lernbereiche sind farblich und mit Symbolen gekennzeichnet. Diese Farben und Symbole finden sich auch in den Teilarbeitsplänen und an den Arbeitsmaterialien.
Jahrgangsstunden	Stunden, in denen jeweils nur ein Jahrgang der jahrgangsgemischten Klasse anwesend ist, um z.B. bestimmte Themen oder Materialien zu erarbeiten.
Lernstandsdiagnosen	Finden für alle Kinder meist zum gleichen Zeitpunkt statt, um den Lernstand und den aktuellen Förderbedarf zu ermitteln – häufig als standardisiertes Verfahren.
Lernstufe	Verwenden wir in unseren Arbeitsplänen alternativ zum Begriff Schuljahr, da im jahrgangsübergreifenden Unterricht der flexiblen Schuleingangsstufe Kinder im 1., 2. oder 3. Schulbesuchsjahr ggf. mit Jahresplänen arbeiten, die einer anderen Lernstufe als ihren Schulstufen-Jahresplänen entsprechen.
Lerntagebuch	In unserem Konzept abweichend von der fachdidaktischen Literatur ein Ordner, in dem die Kinder ihre Teilarbeitspläne, Feedbackbogen und Dialogblätter sammeln. Enthält auch den Jahresplan in schwarz-weiß, den die Kinder nach Bearbeitung eines Teilgebiets passend einfärben.
MWS	Im Konzept der Rechtschreibwerkstatt beinhaltet der Modellwortschatz Karten mit Wörtern, die repräsentative Rechtschreibphänomene aufweisen. Mit den Karten sind verschiedene Übungen möglich.
Teilarbeitsplan	Pro Lernbereich des Jahresarbeitsplans gibt es einen entsprechend farbigen Teilarbeitsplan, auf dem Pflicht- und Wahlaufgaben gekennzeichnet sind. Er dient den Kindern als Überblick über die aktuell zu bearbeitenden Aufgaben. Die Kinder heften ihre Teilarbeitspläne sukzessive in ihr Lerntagebuch und malen bearbeitete Aufgaben an. Der Teilarbeitsplan enthält oft mehr Materialien, als im Jahresplan aufgeführt sind, da er mehr ins Detail geht.

Themenbezogene Leistungskontrolle	Leistungskontrolle nach Abschluss einer thematisch abgeschlossenen Lerneinheit. Da die Kinder individuell arbeiten, werden auch die Leistungskontrollen individuell geschrieben.
Themenheft	Hefte zu relativ konkreten Themenbereichen (z.B. „Kleines Einmaleins"), die jedes Kind zur Bearbeitung erhält.
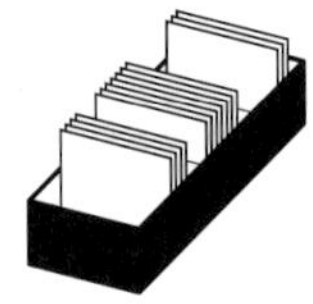	Das Symbol steht bei uns für Aufgaben zur Rechtschreibung, kann aber auch konkret für die Arbeit mit dem Modellwortschatz stehen.
	Das Symbol steht bei uns für den Bereich Schreiben.
	Das Symbol steht bei uns für den Bereich Lesen.
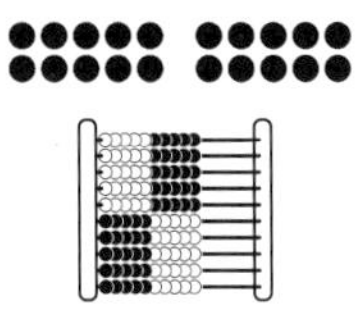	Die Symbole für den Bereich Mathematik. Das Zwanzigerfeld verwenden wir für die 1. Lernstufe, den Hunderterrahmen für die folgenden.
	Mit diesem Symbol bezeichnen wir Materialien, die den Kindern in Heftform zum Bearbeiten vorliegen.
	Aufgaben, die am Computer bearbeitet werden.
	Aufgaben, die online auf der Seite *www.mathepirat.de* bearbeitet werden.
	Blitzrechenaufgaben aus dem Programm Mathe 2000, als Kartei oder auf CD-ROM.
	Der Professor fordert zum Entwickeln eigener Fragestellungen und Themen auf.
	Sachunterrichtsaufgaben und -materialien, die ebenfalls in die Freiarbeit einbezogen werden.

Zu den Autorinnen

Bereits im Studium beschäftigten sich beide Autorinnen schwerpunktmäßig mit den Möglichkeiten des handlungsorientierten Lernens. Dadurch wurde ihr Interesse an den reformpädagogischen Ansätzen geweckt, insbesondere der Montessori-Pädagogik. Deswegen erwarben beide studienbegleitend ein Montessori-Diplom.
Obwohl beide in den anschließenden Jahren an Schulen mit unterschiedlichen Schulkonzepten gearbeitet haben, sowohl jahrgangsgemischt als auch jahrgangsbezogen, stellten sie fest, dass die stark differierenden Lernvoraussetzungen der Kinder einer konsequenten individuellen Förderung bedürfen.

Seit dem Jahr 2006 arbeiten sie gemeinsam an der Astrid-Lindgren-Schule, die seit 2005 die offene Schuleingangsphase (jahrgangsgemischt 1/2) umsetzt. Durch diese Umstrukturierung konnten auch die anderen Kolleginnen der Eingangsstufe dafür gewonnenen werden, ein Konzept mitzuentwickeln, dass die Möglichkeiten der individuellen Förderung mit dem eigenverantwortlichen, handlungsorientierten Lernen verbindet.

Medientipps

Hintergrundliteratur

Blum, Eva; Blum, Hans-Joachim:
Der Klassenrat. Ziele, Vorteile, Organisation.
Für alle Schulstufen. Verlag an der Ruhr, 2006.
ISBN 978-3-8346-0060-8

Herzig, Sabine; Lange, Anke:
So funktioniert jahrgangsübergreifendes Lernen.
CD-ROM. Kl. 1–4. Verlag an der Ruhr, 2006.
ISBN 978-3-8346-0106-3

Linde, Elke van der; Schagerl, Ursula:
Kursbuch jahrgangsübergreifender Unterricht.
Oldenbourg Schulbuchverlag, 2007.
ISBN 978-3-637-00414-6

Peschel, Falko:
Offener Unterricht. Idee, Realität, Perspektive und ein praxiserprobtes Konzept zur Diskusssion.
Allgemeindidaktische Überlegungen; Fachdidaktische Überlegungen. 2 Bde. Schneider Verlag Hohengehren, 5. Aufl. 2009 (1. Aufl. 2002). ISBN 978-3-8340-0130-6

Materialien für den Unterricht

Bach, Kristina; Stefer, Frank:
Sinnvoll Mathe üben mit ergiebigen Aufgaben. Klasse 1.
Verlag an der Ruhr, 2010. ISBN 978-3-8346-0706-5

Langermann, Katrin; Laurs, Andrea
Sinnvoll Mathe üben mit ergiebigen Aufgaben. Klasse 2.
Verlag an der Ruhr, 2010. ISBN 978-3-8346-0707-2

Schößler, Stefanie:
Mein Anlaut-Heft. Klasse 1.
Verlag an der Ruhr, 2011. ISBN 978-3-8346-0771-3

Frechen, Bernadette; Schößler, Stefanie:
Mein Silben-Heft. Klasse 1.
Verlag an der Ruhr, 2011. ISBN 978-3-8346-0772-0

Pig-Band Borste:
Vom Frühstückssong zum Abschiedsgong.
Musikalische Rituale für den Schulalltag. Audio-CD.
Kl. 1–4. Verlag an der Ruhr, 2010. Best.-Nr. 60608

So läuft es! Signal-Sterne für Kinder.
Kl. 1–4. Verlag an der Ruhr, 2011. Best.-Nr. 65010

Was gehört zusammen? Das Zahlen-Memo.
5–8 J. Verlag an der Ruhr, 2010. Best.-Nr. 65005

Was gehört zusammen? Das Anlaut-Memo.
5–8 J. Verlag an der Ruhr, 2010. Best.-Nr.65004

Internetseiten* für kleine Forscher

www.buntes-tierlexikon.de
Tier-Seite von Kindern für Kinder. Etwa ab Kl. 2.

www.gbiu.de/Hamsterkiste/001.html
Auf den Kinderseiten der Grafschaft Bentheim finden Sie unterschiedliche Texte zu Tieren und Sachthemen. Texte eher ab Kl. 2.

www.kindernetz.de/oli/tierlexikon/
Tierseite des SWR-Kindernetz. Ab Kl. 2.

www.medienwerkstatt-online.de/lws_wissen/
Bei den „Wissenskarten" zu unterschiedlichsten Sachthemen, teils als Audiofile.

www.wdr.de/wissen/kinder_wissen/themen/index.php5
Umfangreiches Portal zu Wissensthemen nach unterschiedlichen Rubriken. Eher ab Kl. 3.

* Die in diesem Werk angegebenen Internetadressen haben wir geprüft (Januar 2012). Da sich Internetadressen und deren Inhalte schnell verändern können, ist nicht auszuschließen, dass unter einer Adresse inzwischen ein ganz anderer Inhalt angeboten wird. Wir können daher für die angegebenen Internetseiten keine Verantwortung übernehmen.

Exemplarischer Jahresarbeitsplan in Großansicht

Jahresarbeitsplan 1. Lernstufe

	Lautebene	Wortebene	Satzebene
Schreiben	Anlautlineal; Hörübungen; Anlautübungen	Schreibübungen zu einfachen Wörtern; Weitere Hör- und Schreibübungen; Erstes Schreibheft	Zu Bildern schreiben; Postkarten schreiben; Tagebuchseiten gestalten
	Lautübungen; Erste Schreibübungen; Erste kurze Wörter	Übungen zum Wortdurchgliedern; Stempelkasten	Satzbauübungen; Schreiben zu Bildausschnitten; Bildergeschichten
Lesen		**Erste Wörter** Erstes Lesen einfacher, lautgetreuer Wörter Lese- und Phonogrammdosen; Lesekartei	**Einfache Sätze**: Lesen einfacher Sätze; Leseröllchen; Klammerkarten **Kurze Texte**: Lesen einfacher Lesetexte; Weitere Übungen zu Lauten; Erste Bücher
Rechtschreiben	**Laute und Buchstaben richtig zuordnen** Übungen zu den Lauten In regelmäßigen Abständen Diagnosetest, um den Plan anzupassen → individuelle Übungen	**Lautgetreues Schreiben** ch; -ng; -er; -ß; -tz sch; pf; -el; qu	**Abschreibübungen** Erarbeitung erster Rechtschreibregeln
Mathe	**Ziffern und Mengen bis 10** Ziffern schreiben (Heft 1); Mengen bestimmen (Heft 2); Zerlegung (Heft 3); Relationen <, >, = Strukturierte Mengenbilder; Übungen zu <, >, =; Zahlzerlegung mit Material	**Addition und Subtraktion bis 10** Addition (Heft 4); Subtraktion (Heft 5) Rechenjogging 1	**Addition und Subtraktion bis 20** Addition (Heft 6); Subtraktion (Heft 7) Verdoppeln; Rechenpyramiden
	Geometrie: Heft 8; Übungen zum Bauen **Zahlenmauern und Rechendreiecke**: Heft 9; Rechendreiecke; Zahlenmauern bis 20	**Einspluseinstafel – vertiefende Übungen** Heft 10 Einspluseinstafel; Halbieren; Vertiefende Rechenübungen	Rechenpyramiden; Blitzrechenübungen
Weiteres Material	Zahlenrolle bis 100	Goldene Perlen, Teil 1; Rechenübungen am Computer	Uhr, ganze und halbe Stunde